SELF-BRANDING

Come potenziare le proprie risorse
per essere unici e vivere felici.

Monica Pierlorenzi

Titolo:
SELF-BRANDING

Sottotitolo:
Come potenziare le proprie risorse
per essere unici e vivere felici.

ISBN: 978-1-326-63893-1
Copyright © 2016
Monica Pierlorenzi
Tutti i diritti riservati

In copertina
photo by Shutterstock

Ideazione grafica
Mariangela Perseo
www.mareperseo.it

Dedico questo libro con affetto e stima al mio
coach, che da anni è la mia guida,
ai miei insegnanti, mentori, colleghi
e alle persone che mi hanno aiutato a trovare gli
spunti giusti per la mia ispirazione.
In particolare questo libro è dedicato a Claudio
straordinario compagno di vita che mi sostiene
in ogni mia scelta.

"Accertati che il tuo aspetto esterno sia una buona immagine riflessa del tuo aspetto interno."

Jim Rohn

.

INDICE

INTRODUZIONE

Nell'evoluzione sociale, dei mercati, della tecnologia, delle modalità di vendita, mi è capitato più volte di leggere la parola *Brand* la sua traduzione dall'inglese equivale a "marca", un segno identificativo di un'azienda, di un settore. Il mio pensiero ha poi collegato questa parola alle persone e a come ognuno di noi può distinguersi, essere speciale. Avere un proprio *Brand* non necessariamente significa vendere qualcosa, si può essere originali ed essere riconosciuti o ricordati solo in quanto esistiamo e abbiamo un' identità. Mi piace l'idea che ogni persona possa costruirsi la propria immagine e per questo ho utilizzato affianco alla parola *Brand* la parola *self*.

Questo libro nasce dall'osservazione delle persone dei loro comportamenti e delle loro reazioni, dallo studio delle relazioni e di come le stesse possano influenzare la migliore o peggiore comunicazione e cambiare il nostro stato d'animo. Un'errata comunicazione può influenzare negativamente il nostro modo di vivere, arrivando talvolta ad annientare la nostra personalità.

Il primo obiettivo che mi propongo con questo libro è quello di dare un piccolo contributo nella vita di chi lo legge, per innescare un cambiamento, e contribuire al suo benessere.

Il secondo obiettivo è quello di aumentare la consapevolezza di chi siamo e come con le proprie capacità possiamo superare i limiti, tirare fuori la grinta, aumentare la propria autostima, valorizzando la nostra persona ed essere quello che vogliamo essere, sentirci a nostro agio nei nostri "panni", e dimostrare a noi stessi il grande contributo che ogni giorno diamo al mondo e riflettere su quanto siamo importanti. Possiamo arricchire il nostro io, potenziarlo, amplificarlo, istruirlo, renderlo idoneo a fare ciò che vogliamo, possiamo raggiungere qualsiasi obiettivo ci prefiggiamo di raggiungere, solo se lo vogliamo veramente!.

Poni attenzione alle tue caratteristiche e impegnati a migliorarle, costruisci il tuo brand.

Vorrei che tu utilizzassi questo libro come un vero manuale delle istruzioni all'uso, leggilo, rileggilo, prendi appunti e allenati.

Ti insegnerò così a fare auto-coaching.

Ho strutturato il libro in capitoli che puoi decidere di leggere in sequenza o in modo alternato in base a ciò che più ti attrae o ti interessa, alla fine di ogni capitolo troverai degli esercizi attraverso i quali puoi provare l'esperienza per attuare il cambiamento. Ti invito a scrivere direttamente sul libro in modo che potrai rileggere in un tempo successivo la tua traccia e valutarne i risultati.

CAPITOLO PRIMO

Il mio stato d'animo

*La tua immaginazione è l'anteprima delle
Spettacolari sorprese che la vita ha in serbo per te.*
Albert Einstein

Un'azione, un pensiero o una situazione possono
generare uno stato d'animo, che può essere triste,
arrabbiato, deluso o gioioso, entusiasta etc.
Tutto questo varia con l'alternarsi delle differenti
emozioni che influenzano il nostro vivere quotidiano.
Quanto siamo consapevoli nell'immediato delle nostre
emozioni? Imparare a conoscere le nostre emozioni ci
rende edotti dal poterle gestire e saper riconoscere da
cosa deriva il proprio stato d'animo. Uno stato d'animo
negativo riesce ad influenzare negativamente la nostra
giornata e a condizionare la nostra percezione e le
nostre scelte.
Tutto questo si traduce in un umore negativo che
alimenta emozioni e pensieri negativi come un vortice,
condizionando le nostre azioni. Quando siamo
insoddisfatti e ci sentiamo a disagio in una situazione e
continuiamo a percepire uno stato d'animo negativo,
sforziamoci di capire da dove viene e cosa lo alimenta,
questo ci renderà consapevoli e potrà aiutarci a
modificare il nostro stato.

Esercizio - migliora il tuo stato d'animo
Come dovrebbe essere la tua vita per avere lo stato d'animo che desideri?
-Chiudi gli occhi e immagina una scena che ti faccia stare veramente bene.
      -Entra dentro la scena e percepisci le sensazioni, osserva i colori e ascolta i suoni, goditi queste sensazioni, amplificale.
-Considera come cambierebbe la tua vita con quella scena.
-Prenditi del tempo per scrivere le cose importanti della scena:

_____

_____

_____

_____

_____

_____

_____

_____

_____

_____

CAPITOLO SECONDO
I miei limiti

Pensi di avere un limite, così provi a toccare questo limite. Accade
qualcosa.
E immediatamente riesci a correre un po' più forte,
grazie al potere della tua mente
alla tua determinazione, al tuo istinto e grazie all'esperienza.
Puoi volare molto in alto.
Ayrton Senna

I limiti derivano da pensieri negativi che sono supportati da convinzioni limitanti, un circolo vizioso che alimenta le paure. Le paure limitano le azioni, impediscono di prendere le decisioni giuste, le paure sono irrazionali e inconsce, in alcuni casi sono resistenti e più forti della propria forza di volontà o della propria razionalità, per cui fino a quando non capita di essere costretti a fare una determinata cosa per necessità, potrebbe mancare la giusta motivazione. Non riuscire a fare quello che vorremmo fare ci fa sentire inadeguati e ci tortura la mente e quando diventiamo negativi uccidiamo la nostra creatività, il nostro genio, e questa situazione ci pone in stallo e ci impedisce di andare avanti. La maggior parte di noi nella sua esperienza di vita ha fatto i conti con la paura, ha avuto paura di tante cose. Tutti abbiamo ancora paura di qualcosa. E quando riusciamo a dire " ce l'ho fatta! " è una grande soddisfazione, che alimenta la nostra motivazione e il desiderio all'azione. Le paure sono causate da credenze negative che limitano il nostro potenziale. Le nostre convinzioni negative ci limitano ed amplificano i nostri pensieri negativi in un circolo vizioso che si autoalimenta ogni giorno in modo involontario e autonomo, pensieri che sono legati al nostro passato e che rievocano continuamente ciò che di negativo ci è già successo e che sentiamo come peso, come fardello sulle nostre spalle, quasi una responsabilità che ci è difficile abbandonare.

Prova a pensare cosa succederebbe se non avessi più una convinzione limitante, quali pensieri arriverebbero nella tua mente?. In realtà si può intervenire sui pensieri negativi lavorando sulle convinzioni limitanti e partendo dalle esperienze passate negative, possiamo riconoscerne l'insegnamento di vita e trarne l'essenza positiva. Per evitare che la mente si focalizzi sugli aspetti negativi producendo unicamente profezie autoavveranti, è opportuno focalizzarsi su ciò che sappiamo fare meglio, ciò in cui siamo bravi e siamo in grado di ottenere il massimo della performance.
Bisogna avere davanti agli occhi sempre il risultato finale che vogliamo ottenere, immaginando di averlo già raggiunto.
Il pessimismo è assai più pericoloso di quanto comunemente si crede, produce energia negativa, blocca la creatività, l'intuito e la visione d'insieme. L'essere negativi influisce sulle funzioni dell'emisfero destro del

nostro cervello che è la parte che controlla le emozioni, con il risultato di renderci poco attenti e produrre una conflittualità con noi stessi.

E' evidente che se ognuno di noi si sentisse sempre sicuro e fiducioso di se stesso non avrebbe pensieri negativi. Se riflettiamo sui momenti della nostra contentezza, della nostra felicità, sui momenti della nostra allegria…. Cos'è che li caratterizza? Per esempio siamo contenti perché, grazie alle nostre competenze siamo riusciti a superare alcune difficoltà, e siamo convinti di essere all'altezza di quella situazione, o magari siamo soddisfatti per aver realizzato noi stessi un buon lavoro.

I pensieri negativi devono essere accolti con comprensione ed amore perché sono i sintomi del nostro disagio, affiorano nella nostra mente proprio per farci aprire gli occhi sulla realtà che non ci piace e che spesso ci ostiniamo a rifiutare e a combattere, desiderando di cambiarla senza fare nulla.

In verità molti dei nostri pensieri negativi sono falsi, ne è un segno evidente il fatto che le cose catastrofiche che ci rappresentiamo nella mente a causa del pessimismo o di ricordi angosciosi non si verificano quasi mai. I pensieri negativi sono originati da credenze negative obsolete di cui non si è coscienti, le quali ci mettono in contraddizione o in guerra con noi stessi impedendo la sintonia tra i due emisferi cerebrali e quindi ci impediscono di essere sereni ed armonici.

Come si può cambiare la realtà che noi vediamo?

La bacchetta magica esiste nelle favole, e forse noi siamo ancora in grado di utilizzarla, occorre imparare la strategia per essere magici e avere un forte desiderio di ottenere ciò che vogliamo, un piano d'azione preciso ed è importante avere una direzione chiara di dove si è diretti. E' fondamentale rappresentarsi nella mente, in maniera dettagliata, ciò che si vuole ottenere immaginando di averlo già raggiunto (visualizzazione positiva).

Esercizio - supera i tuoi limiti
Siediti in un posto tranquillo, in silenzio, e dopo aver letto queste precise istruzioni, chiudi gli occhi respira profondamente. Pensa a quella volta in cui hai dato il massimo di te stesso, in cui ti sei sentito/a veramente forte, quella volta che hai provato quelle belle sensazioni. Ricorda i colori di quella esperienza, gli odori, le persone che erano con te, continua respirando a provare quelle belle sensazioni e a riviverle, dopo riapri gli occhi e scrivi qui quella esperienza:

_____

_____

_____

_____

_____

Come ti senti? Hai dentro di te una bella sensazione?
Ora voglio che rimani con gli occhi aperti e pensi in modo specifico al limite che ti frena nel raggiungimento dei tuoi obiettivi, ti chiedo di vederti in un immagine, come se stessi in una mostra di quadri e ti vedessi in un quadro, tu con questo limite;

Ora chiudendo gli occhi ti chiedo di riprovare le belle sensazioni provate prima e con queste sensazioni ti chiedo di immaginare con la tua mente di entrare in quel quadro e di provare come puoi superare il limite con la forza che ora è in te.
Cosa è cambiato? Hai le stesse sensazioni?
Ripeti più volte questo esercizio e nota la diversa percezione che hai del vecchio limite.
Scrivi le tue sensazioni:

_____

_____

_____

_____

_____

_____

_____

_____

_____

CAPITOLO TERZO

Chi sono

*Hai sempre così tante opinioni di te stesso. Puoi solo immaginare
come sarebbe la tua vita, se tu non avessi?
Quando sei sedotto solo dal traguardo, vivi in continua lotta
contro quello che stai facendo, sei carico di aspettative e
amareggiato se non ottieni subito i risultati che speravi.
Puoi avanzare, e innescare il cambiamento, solo quando accetti
sinceramente e incondizionatamente
ogni tuo passo nel momento in cui lo compi.*
Anna Biason

Pensare che siamo unici ci può aiutare a renderci
consapevoli che siamo diversi gli uni dagli altri,
addirittura i gemelli monozigoti apparentemente identici
sono diversi anche se in piccoli particolari.
In questa nostra unicità ci riconosciamo?
Spesso quando ci presentiamo agli altri, ci
identifichiamo in un ruolo sociale, in una professione,
ma se fossimo al nudo senza il nostro ruolo scandito
dagli stereotipi sociali, quale sarebbe la nostra identità?
"Chi sono io?
Chiese un giovane ad un maestro di spiritualità.
"Te lo spiego con una piccola storia" rispose il saggio.
*Un giorno, dalle mura di una città, verso il tramonto si videro
sulla linea dell'orizzonte due persone che si abbracciavano.*
"Sono un papà e una mamma", pensò una bambina innocente.

"Sono due amanti", pensò un uomo dal cuore torbido.

"Sono due amici che s'incontrano dopo molti anni", pensò un uomo solo.

"Sono due mercanti che hanno concluso un buon affare", pensò un uomo avido di denaro.

"E' un padre che abbraccia un figlio di ritorno dalla guerra", pensò una donna dall'anima tenera.

"E' una figlia che abbraccia il padre di ritorno da un viaggio", pensò un uomo addolorato per la morte di una figlia.

"Sono due innamorati", pensò una ragazza che sognava l'amore.

"Sono due uomini che lottano all'ultimo sangue", pensò un assassino.

"Chissà perché si abbracciano", pensò un uomo dal cuore arido.

"Che bello vedere due persone che si abbracciano", pensò un uomo di Dio.

"Ogni pensiero", concluse il maestro," rivela a te stesso quello che sei.

"Esamina di frequente i tuoi pensieri: ti possono dire molte più cose su di te di qualsiasi maestro"."

Bruno Ferrero

La percezione di me stesso

"Chi non riesce più a provare stupore e meraviglia è già come morto e
i suoi occhi sono incapaci di vedere."
Albert Einstein

Uno dei modi con i quali impariamo a conoscere noi stessi e costruiamo il nostro sé è l'autopercezione, l'osservazione di come siamo fatti e come ci comportiamo. L'aspetto fisico infatti fornisce un'informazione sia agli altri, che a noi stessi. Per questo le persone controllano con frequenza se sono in forma, se dimagriscono o ingrassano, e dalla percezione che hanno si forma anche la personalità. Se una persona è soddisfatta del suo aspetto fisico, di riflesso anche la sua autostima crescerà. Le persone tendono ad immaginare di essere nel modo in cui appaiono, per questo alcuni indossano abiti ritenuti di classe più elevata per sentire di appartenere a un gruppo sociale più elevato. Lo specchio sociale, cioè le impressioni altrui, influiscono sugli effetti soggettivi anche se a produrli è l'autopercezione che sviluppiamo.

Noi siamo ciò che pensiamo di essere

E' la mente che fa sani o malati, che rende tristi o felici, ricchi o poveri.
Edmund Spenser

I nostri pensieri regolano e influenzano la nostra vita, e possono farlo sia in modo positivo che in modo negativo, in base al nostro modo di utilizzarli. Il copione della propria vita è nelle nostre mani, possiamo recitarlo così come è stato scritto o decidere di modificarlo di migliorarlo o addirittura di riscriverlo, possiamo anche decidere di cambiare le scene, i personaggi, l'intera struttura, ma questo significa cambiamento, significa uscire dalla propria zona di confort, e riadattarsi alle nuove situazioni. Spesso ci troviamo intrappolati in ruoli preconfezionati dai quali è difficile e faticoso uscire e trasciniamo la nostra persona sopravvivendo, adattandoci ad una vita che non ci piace, ed essendo chi non siamo o chi non vorremmo essere. Dentro di noi esiste la consapevolezza, la presenza attenta che non può essere intaccata all'esterno. Quando ci fondiamo in essa e non con la mente allora facciamo un grandioso passo nella vita.

Esercizio-trova la tua vera ispirazione
Inizia a scrivere i tuoi talenti:

_____

_____

_____

_____

_____

_____

_____

_____

Scrivi i ruoli che interpreti nella tua vita (es. madre/padre moglie/marito, impiegata/o etc):

_____

_____

_____

_____

_____

_____

Scrivi le tue sensazioni per come ti senti percepito dagli altri:

_____

_____

_____

_____

_____

Sei allineato/a ai tuoi pensieri?   O Si   O No
Se la risposta è no accedi alla tua saggezza:
-chiudi gli occhi
-fai cinque profondi respiri;
-concentrati su te stesso/a e poni attenzione sul battito
del tuo cuore;
-ricordati quel momento in cui sei stato/a veramente
soddisfatto/a di te stesso/a e goditi quelle sensazioni;
-chiediti cosa ti rende felice essere nella tua vita;
-renditi disponibile a impegnarti a seguire ciò che ti dice
il cuore.

Le mie riflessioni:

_____

_____

_____

_____

_____

_____

_____

_____

_____

CAPITOLO QUARTO
Come mi presento

"Che io possa avere la forza di cambiare le cose che posso cambiare, che io possa avere la pazienza di accettare le cose che non posso cambiare, che io possa avere soprattutto l'intelligenza di saperle distinguere."
San Tommaso Moro

L'aspetto esteriore, inteso come aspetto fisico, altezza, peso, conformazione del corpo, colore della pelle, distribuzione di peli, capelli e barba, e abbigliamento, è la prima cosa con la quale ci presentiamo agli occhi degli altri e sulla base del quale ci sentiamo giudicati, è l'aspetto fisico delle persone a determinare come appaiono.

Diversamente dall'abbigliamento, è difficile riuscire a controllare l'aspetto del proprio corpo, ma le persone cercano continuamente di manipolarlo sottoponendosi a diete dimagranti, tinture e tagli di capelli, esercizi fisici. Per modificare l'aspetto esteriore ci si trucca, si imbottiscono spalle e seno, si portano tacchi alti e si indossano vestiti che fanno apparire il corpo in un certo modo.

L'aspetto fisico dice molto anche dello status sociale, oltre che dare informazioni su razza sul sesso e la nostra età.

La nostra evoluzione sociale ha cambiato molto la percezione che abbiamo entrando in contatto o osservando gli altri. Quando l'economia era ancora prevalentemente agricola, una pelle candida era simbolo di elevato status sociale poiché si intuiva che la persona non lavorava sotto il sole, oggi una pelle abbronzata ottenuta anche in modo artificiale è molto piacevole ed è segno di benessere.

Vari aspetti del nostro corpo concorrono a farci riconoscere: il viso, la voce, la forma del nostro fisico. In un primo momento, appena conosciamo una persona la nostra prima impressione rispetto alla sua personalità sembra essere ricavabile dall'aspetto fisico, spesso si pensa che le persone grasse siano bonarie e arrendevoli, che le magre siano pessimiste e nervose, e le muscolose forti e coraggiose, è interessante la ricerca del medico e psicologo statunitense William Herbert Sheldon che suddivide e classifica le persone in tre somatotipi : ectomorfo, mesomorfo ed endomorfo.

Secondo Sheldon in base alla conformazione fisica e alle componenti prevalenti, esiste una relazione con la rispettiva tendenza psichica, queste caratteristiche non si presentano così specificamente definite e in realtà le componenti costituzionali risultano ampiamente variabili, individuali, complesse, mutabili o continue, pertanto i modelli biotipologici rappresentano una semplificazione indicativa.

I biotipi puri, sono molto rari, la maggioranza delle persone è caratterizzata da valori di appartenenza misti, ma a livello psicologico sono utili a far comprendere le relazioni tra le dimensioni dell'organismo e le personalità degli individui e come variando la nostra fisicità è possibile avere un riflesso cambiamento sul nostro modo di pensare e di essere. Questi tipi non corrispondono dunque a nessun individuo reale e concreto e sono un esempio per ritrovare alcune delle nostre caratteristiche.

La conformazione fisica quindi influenza fortemente le aspettative che gli altri si formano su di noi , il modo in cui ci trattano, e di conseguenza, i nostri comportamenti.

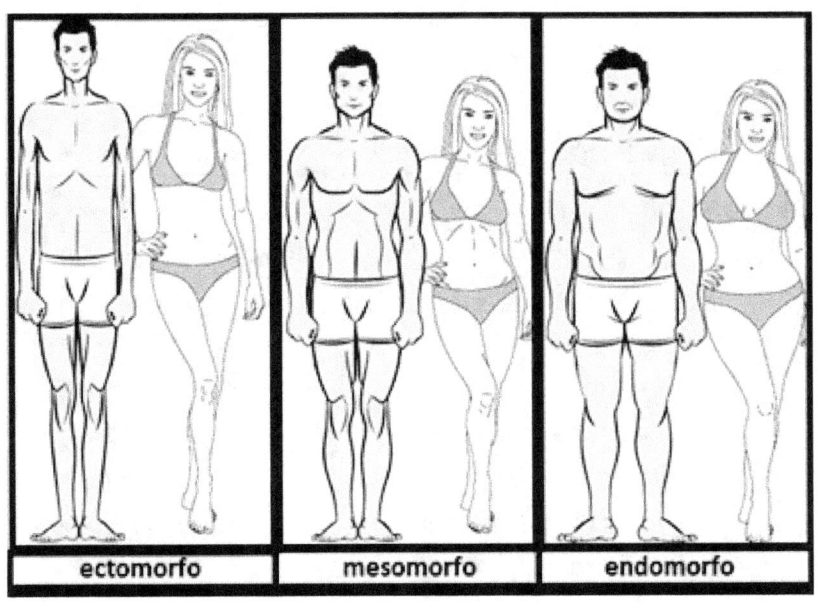

| ectomorfo | mesomorfo | endomorfo |

Caratteristiche dei somatotipi:	

Ectomorfo

Fisiche	Psichiche
• struttura fragile • longilineo • ossa sottili • bassi livelli di grasso corporeo • arti lunghi • esile	• razionale • solitario • timido • riservato • intelligente • introverso

Mesomorfo

Fisiche	Psichiche
• apparato muscolare sviluppato • apparato scheletrico sviluppato • tessuto connettivo sviluppato • poco grasso corporeo • cute spessa • spalle larghe, fianchi stretti	• attivo • aggressivo • competitivo • dominante • sicuro • impegnato

Endomorfo

Fisiche	Psichiche
• deposito adiposo superiore alla media • forma tondeggiante • ossatura robusta • vita larga • muscolatura sottosviluppata • addome protuberante	• socievole • emotivo • estroverso • rilassato • tollerante • pigro • sedentario

Anche il viso concorre ad informare gli altri sulla nostra personalità, almeno all'apparenza. Le persone con tratti infantili sono spesso considerati ingenui, onesti, cordiali e gentili, così come l'altezza nel senso comune spesso è correlata all'intelligenza, tanto da finire per influenzare positivamente una carriera.

A volte le persone si preoccupano dell'aspetto esteriore solo per evitare il disagio che deriverebbe dal non curarlo, per evitare il rischio di repressione sociale. La maggior parte delle volte dedichiamo tempo a curare il nostro aspetto per produrre una certa impressione su di noi, e in riflesso agli occhi degli altri.

I motivi per i quali le persone badano molto, come direbbe Goffman, "alla presentazione di sé" sono molteplici: per guadagnare l'approvazione degli altri, per ottenere favori oppure per aumentare la propria influenza; inconsciamente potremmo anche essere alla ricerca dell'approvazione degli altri per confermare l'idea positiva o negativa che abbiamo di noi stessi.

Le persone quindi controllano il comportamento in pubblico per due motivi: il bisogno di auto-espressione, che spinge l'individuo a comportarsi come crede che dovrebbe fare; il bisogno di autopresentazione, che porta l'individuo a comportarsi come crede che gli altri pensano debba comportarsi. Nel primo caso il focus è su noi stessi, nel secondo invece è sulla società e si cercano conferme della percezione che abbiamo di noi stessi tramite l'ascolto delle impressioni altrui. Se far prevalere l'una o l'altra è una scelta soggettiva. La nostra personalità influenza il motivo per cui ci preoccupiamo di apparire: per alcune persone è più importante che per altre l'essere approvate, accettate, l'essere socialmente desiderabili. Più alto è il bisogno di essere accettate, più si tende all'autopresentazione.

Esercizio - la consapevolezza aiuta a migliorarsi
Ora che con probabilità ti sei identificato in un somatotipo e forse già stai facendo le tue considerazioni, ti chiedo di riflettere ancora un attimo su cosa influisce in modo specifico sul tuo modo di presentarti e di essere e, di scoprire quali sono i tuoi bisogni da soddisfare ogni volta che metti in atto un comportamento. Questo ti servirà ad identificare i tuoi schemi ricorrenti e ad avere la consapevolezza di cosa può trattenere o rallentare i tuoi progressi.
Quando ti presenti quali di questi bisogni senti di soddisfare in maniera più forte?
Accettazione, autorità, sicurezza.

Accettazione: per te è importante ottenere approvazione riconoscenza, stima e apprezzamento, sentirti amato/a e coccolato/a, sentirti parte di un gruppo.
Autorità: per te è importante ottenere il potere, tenere ferma la tua posizione, ottenere la collaborazione degli altri, metterti alla prova e fare in modo che le cose vadano come tu hai già deciso, il tuo comportamento si

conforma alle regole, hai bisogno di chiarezza, conoscenza e di bellezza intorno a te.

Sicurezza: per te è vitale il tuo spazio, la libertà il mantenimento dei confini, la tua autonomia e la creazione di una ricchezza che possa soddisfare i tuoi bisogni.

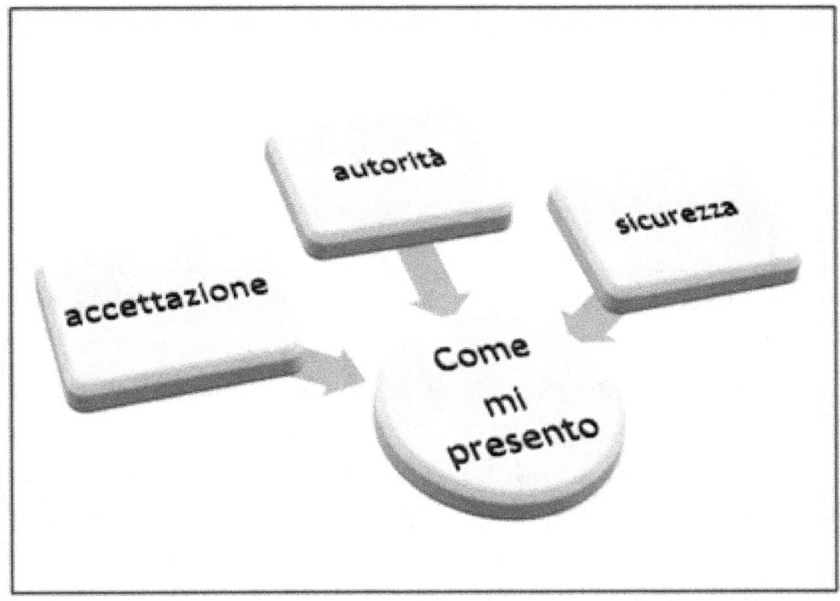

In base a quello che hai appena letto scrivi le tue riflessioni, scrivi qual è la categoria dei tuoi bisogni più forte per te:

_____

_____

———————————————————

———————————————————

———————————————————

———————————————————

———————————————————

———————————————————

———————————————————

———————————————————

———————————————————

———————————————————

Nota semplicemente se da ciò che scrivi emergono degli schemi ricorrenti, e potresti renderti conto se stai mettendo in atto il tentativo di soddisfare i tuoi bisogni o bisogni degli altri, che ti senti costretto, per convenzione, a soddisfare, e potresti sorprenderti nel riconoscere alcuni tuoi comportamenti legati ad eventi passati o a persone che rappresentano per te un elemento importante della tua vita.

Per essere se stessi c'è bisogno di equilibrio, se riesci a bilanciare questi bisogni otterrai una gratificazione e sentirai di essere ogni giorno ciò che vuoi essere.
Se hai notato che molti dei comportamenti che metti in atto sono dei tentativi di appagare un bisogno particolare ti invito a leggere il capitolo successivo.

CAPITOLO QUINTO
I miei valori

"L'unico vero fallimento nella vita è non agire in coerenza
con i propri valori.,,
Buddha

In base a quanto riportato dall'enciclopedia dei ragazzi di Treccani i valori sono "gli ideali che orientano le nostre scelte morali, i valori sono i princìpi che i singoli individui o una collettività considerano superiori o preferibili. Essi vengono utilizzati come criterio per giudicare o valutare comportamenti e azioni. I valori si connettono in vario modo con la realtà sociale e politica, con l'organizzazione economica e giuridica, con le tradizioni, i costumi e i simboli di una collettività, e quindi mutano nelle varie culture ed epoche storiche."
In realtà il termine valore da un punto di vista economico può rappresentare l'unità di misura di qualcosa di materiale, ma l'uso del termine esteso ad un'interpretazione filosofica estende il suo significato.
I valori sono il nostro carburante alla motivazione interna, quando vediamo i nostri valori riconosciuti dagli altri o ci sentiamo allineati ad essi proviamo un senso di soddisfazione e di armonia, diversamente se ci troviamo costretti a prendere decisioni che sono in disaccordo con i nostri valori proviamo una sensazione di insoddisfazione e ci sentiamo turbati, infastiditi. Molti

dei nostri valori influenzano le nostre scelte e sono determinanti nel raggiungimento dei nostri obiettivi. I valori di una persona determinano il modo nel quale quell'individuo agisce in una determinata situazione o attribuisce un significato avendo una precisa percezione. Quindi le azioni che una persona compie sono il risultato della sua percezione in base al tipo di strategia mentale che è stata messa in atto per affrontare una specifica situazione. I valori rappresentano la base delle nostre scelte sulla quale viene costruita la motivazione che è il fulcro dei nostri progetti per il futuro e il binocolo con il quale mettere a fuoco i nostri obiettivi.

E' importante essere consapevoli e avere chiari i nostri valori e la scala della loro importanza, in quanto le persone con le quali ci interfacciamo ogni giorno spesso agiscono in base alla loro scala dei valori e spesso i problemi o i conflitti si generano quando ci sono differenze nei valori.

Esercizio - Riordiniamo i valori

Per prima cosa scrivi dodici tuoi valori che ti vengono subito in mente senza pensare al loro ordine:

1._____

2._____

3._____

4._____

5._____

6._____

7._____

8._____

9._____

10._____

11._____

12._____

Ora iniziando dal primo valore che hai scritto confrontalo, per la sua importanza per te, con i successivi valori scritti e appena trovi un valore che secondo la tua percezione è più importante seguita il confronto con questo e gli altri rimasti e così via, il valore che ne risulterà sarà il primo nella tua scala, cancellalo dalla lista e scrivilo nella nuova lista qui sotto e ricomincia fino ad averli riordinati tutti.

Lista dei miei valori in ordine di importanza:

1._____
2._____
3._____
4._____
5._____
6._____
7._____
8._____
9._____
10._____
11._____
12._____

Ora che hai completato il lavoro, sai precisamente in questo momento della tua vita, la strategia che utilizzi nelle scelte cosa ti motiva e come prendi le decisioni in base ai tuoi valori. Puoi provare a copiare questa lista su un foglio da portare con te e nel momento in cui ti capita di decidere confronta se le tue azioni sono in linea con i tuoi valori, sarebbe una buona abitudine aggiornare la propria lista dei valori, in ordine di importanza, ogni sei mesi, perché il nostro ordine può cambiare in base alle circostanze e agli eventi della nostra vita.

CAPITOLO SESTO
La mia comunicazione

Il mondo è tutto un palcoscenico,
e uomini e donne, tutti, sono attori;
hanno proprie uscite e proprie entrate;
e ognuno, nel tempo che gli è dato, recita molte parti.
William Shakespeare

Questo capitolo rappresenta il cuore pulsante di questo libro, puoi coglierne la giusta essenza. I paragrafi in cui è suddiviso rappresentano le parti che costituiscono la comunicazione, potrai comporre il tuo puzzle e sperimentare un tuo nuovo modo di comunicare e costruire il tuo stile che ti aiuterà a distinguerti e ad essere davvero speciale.

Il modo in cui comunichiamo ci rende diversi l'uno dall'altro, ed è un vero e proprio segno distintivo, la comunicazione oltre al linguaggio costituito dalle parole si arricchisce di ulteriori elementi e segnali che alcune volte diamo agli altri inconsapevolmente e che sono il risultato di ciò che stiamo elaborando nella nostra mente. Quando comunichiamo con dei gesti o ammiccamenti stiamo utilizzando una comunicazione " non verbale". A livello scientifico, secondo Albert Mehrabian si può affermare che la comunicazione non verbale influisce il 55% sulla comunicazione complessiva, in pratica Mehrabian dimostrò con sperimentazione che se una persona dice: 'Non sono arrabbiata', con un tono di voce alterato, i denti digrignati, la fronte aggrottata e i pugni chiusi , questi elementi non verbali saranno considerati più veritieri del contenuto della sua frase. Riusciamo quindi a comunicare anche semplicemente con uno sguardo, un sorriso, con il nostro silenzio, o con i nostri gesti, e con la nostra postura o il nostro atteggiamento che può comunicare chiusura quando per esempio ci poniamo con le braccia conserte o apertura quando accogliamo qualcuno con le braccia aperte.

La scelta del nostro abbigliamento, degli accessori, del nostro vestiario e delle cose materiali che utilizziamo come ad esempio valige, computer, telefono o automobile sono tutti elementi legati al contesto, che influiscono e possono avere un ruolo importante nella comunicazione rafforzando o diminuendo il nostro messaggio, e possono influenzare il raggiungimento di un determinato obiettivo.

Dagli studi sulla comunicazione di Paul Watzlawick e la scuola di Palo Alto ricaviamo una frase che corrisponde al primo assioma *"Non si può non comunicare"*, sicuramente il più famoso che ribadisce il concetto che ogni comportamento ha valore di messaggio. Possiamo quindi affermare che anche se siamo in silenzio o siamo distratti stiamo comunicando qualcosa, anche il non comunicare comunica e influenza gli altri.

I segnali non verbali sono tantissimi e differiscono per vari aspetti, per esempio il canale e il tipo di segnalazione che danno. In una comunicazione faccia a faccia in genere sono attivi il canale uditivo-vocale, che si riferisce ai segnali acustici, il canale visivo-cinetico, che comprende i segnali dati dal movimento del corpo, e occasionalmente anche il canale motorio-tattile, come quando ci si abbraccia, e il chimico olfattivo, che si riferisce agli odori emanati dalla persona.

Alcuni segnali sono in grado di rimanere a lungo invariati, mentre altri sono più mutevoli, ad esempio il modo di parlare di una persona è una delle cose che riconosciamo per lunghi periodi, la voce invece cambia anche a seconda dello stato emotivo. La rilevanza dei segnali dipende dalle circostanze, ci sono segnali come il guardare negli occhi o sorridere che si impongono sugli altri per il maggiore impatto che hanno nella conversazione. E' utile essere consapevoli del proprio modo di comunicare.

Il linguaggio

Il linguaggio è un'arte anonima, collettiva e inconscia,
il risultato della creatività di migliaia di generazioni.
Edward Sapir

La società dell'informazione e della comunicazione non è altro che uno sviluppo delle potenzialità del linguaggio. L'essere umano è l'unico nel regno animale a disporre di questo particolare strumento di comunicazione, siamo così abituati al linguaggio che non ci rendiamo conto di quanto sia importante per noi. E' grazie al linguaggio che riusciamo a tenere unite società di individui così estese. Il linguaggio è uno strumento di coesione molto potente, perché ci consente di parlare contemporaneamente a più persone anche mentre si sta facendo qualcosa o ci si muove.

Il rapporto tra linguaggio e mente è complesso, la struttura del linguaggio, fatta di elementi combinati secondo regole grammaticali, guida la mente a operare con ordine, distinguendo e facendo collegamenti, secondo Aristotele, nel linguaggio risiede la nostra conoscenza razionale della realtà.

Il linguaggio ci permette di parlare di cose immaginarie o che sono lontane anche in tempi e luoghi remoti.

Al mondo si parlano dalle tremila alle seimila lingue diverse ma, anche se può sembrare strano, tutte gli idiomi attuali o remoti mostrano la stessa architettura e gli stessi principi di funzionamento. Il linguaggio è solo uno dei sistemi di comunicazione presenti in natura, ed è l'unico tipicamente umano e possiede delle caratteristiche particolari che non si ritrovano in tutte le forme di comunicazione.

In base ad un determinato contesto, una frase può assumere significati diversi, quindi per parlare e comprendere un linguaggio non basta conoscere il sistema linguistico ma occorre conoscerne anche l'utilizzo che se ne fa altrimenti si rischia di andare incontro a malintesi.

Noi tutti facciamo un uso economico del linguaggio, con poche parole riusciamo ad esprimere molto, questo avviene perché abbiamo dimestichezza con l'uso. L'agire sociale linguistico è legato all'utilizzo del linguaggio, più si acquisisce familiarità più si è capaci di usarlo. Sebbene ci sono azioni che non sono fatte con le parole, ve ne sono molte altre di tipo invece linguistico: dichiarare il proprio amore, avvertire uno sconosciuto che gli è caduto qualcosa, chiedere il permesso di agire Quando si pronuncia una frase in un dato contesto, sono molti i significati che produciamo e che il nostro interlocutore intende. I significati veicolati dal linguaggio e dalla comunicazione sono un tipo particolare di conoscenza della realtà, noi infatti siamo continuamente impegnati a cercare di comprendere la realtà che ci circonda e lo stesso vale per il linguaggio che ci tiene sempre impegnati nell'elaborazione delle conoscenze acquisite.

I significati vengono prodotti dalla mente degli interlocutori a partire dagli stimoli forniti dall'esperienza della comunicazione, non sono dati, occorre invece crearli. Un enunciato quindi non ha un significato oggettivo ma solo soggettivo, quello che gli assegnano i partecipanti alla conversazione e possono essere diversi a seconda dell'interpretazione di ognuno. Da questo ne deriva che non possiamo mai essere sicuri che in una comunicazione emergano quei significati che noi vorremmo veicolare, tutto dipende da come gli interlocutori elaborano gli stimoli che gli offre l'esperienza di comunicazione.

Mentre comunichiamo è interessante esaminare l'area di stile relativa alle preferenze sensoriali alle quali si può fare riferimento riprendendo i dettati della

Programmazione Neurolinguistica ad opera di Richard B. e Grinder J.

«Quando noi uomini comunichiamo - quando parliamo, discutiamo, scriviamo - di solito non siamo consapevoli del processo con cui scegliamo le parole per rappresentare la nostra esperienza. Non ci rendiamo quasi mai conto del modo in cui ordiniamo e strutturiamo le parole che scegliamo... Anche se abbiamo poca o nessuna consapevolezza del modo in cui formiamo la nostra comunicazione, la nostra attività - il processo dell'uso del linguaggio - è altamente strutturata»

Le preferenze sensoriali di dividono in visive, uditive e cinestetiche:

- La preferenza *visiva*, si suddivide in visivo–verbale e visivo–non verbale, la prima predilige un linguaggio comunicativo, e la seconda una comunicazione non verbale, nel senso più ampio del termine, veicolata da immagini, siano esse disegni o anche linguaggio corporeo.

- La preferenza *uditiva*, similmente alla precedente, si riferisce oltre che ad un linguaggio verbale orale, anche all'utilizzo di stimoli non verbali, quali suoni, rumori, musica, e agli aspetti paraverbali della comunicazione intesi nel tono, volume e ritmo della voce.

- La preferenza *cinestetica* riguarda, sia il movimento fisico individuato nella manualità e gestualità, sia la preferenza per un apprendimento esperienziale e operativo che coinvolga i sensi e sia attuato da azioni concrete.

Le preferenze indicano il proprio stile rappresentazionale solitamente utilizzato nel comunicare, è essenziale allineare il proprio stile con quello del nostro interlocutore affinché il messaggio che vogliamo trasmettere sia ben codificato.

Esercizio – articola le tue parole

Imitando le figure qui sotto, esercitati articolando in modo esagerato le vocali, apri bene la tua bocca e permetti al suono di uscire in modo chiaro.

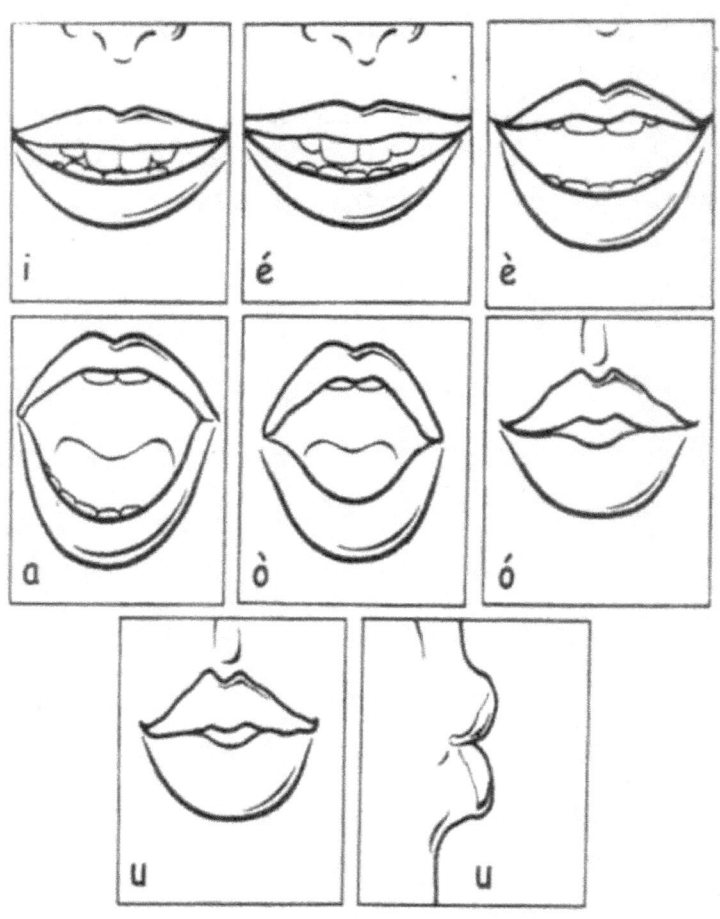

Esercizio - articola le sillabe

Bi	Pi	Mi	Fi
Bé	Pé	Mé	Fé
Bè	Pè	Mè	Fè
Ba	Pa	Ma	Fa
Bò	Pò	Mò	Fò
Bo'	Po'	Mo'	Fo'
Bu	Pu	Mu	Fu

Esercizio – giochiamo con gli accenti.

Fai attenzione all'accento, acuto o grave.

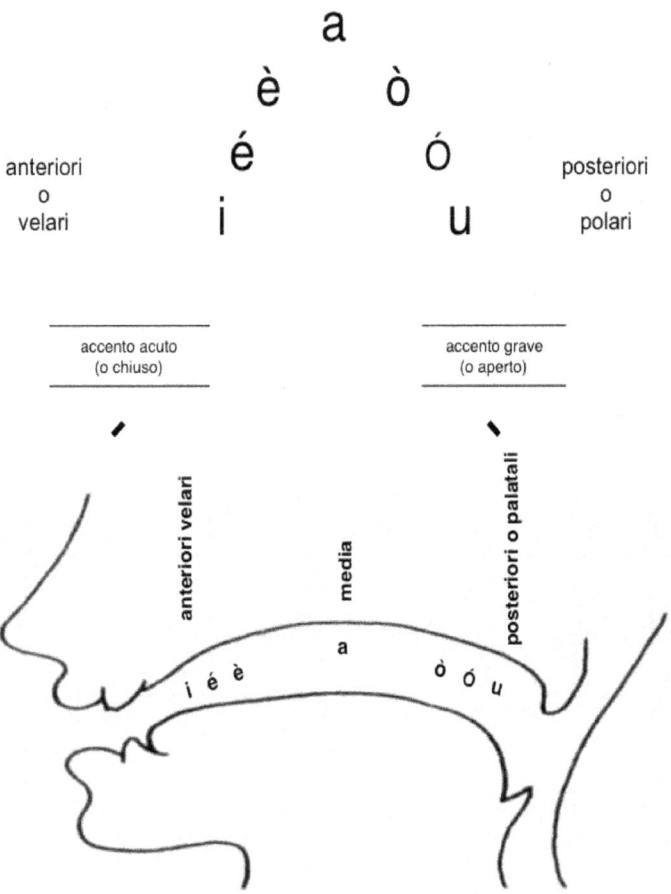

La voce

Una voce forte non può competere con una voce chiara,
anche se questa non fosse altro che
un semplice mormorio.

Confucio

Imparare a gestire la nostra voce ci darà modo di essere incisivi e calzanti nella nostra comunicazione. Forza vocale, ritmo, intonazione, velocità dell'eloquio, enfasi, sono i segnali prosodici che trasmettiamo con la voce creando una sorta di melodia e musicalità del parlato, che ci fa essere unici.

Parlando creiamo una sorta di melodia carica di informazioni per chi ascolta, che suggerisce alcune impressioni e da un' idea dello stato d'animo di chi parla.

La musicalità è indispensabile per il buon funzionamento del linguaggio, tanto da essere stata determinante per la nascita delle lingue: queste sono nate dai suoni musicali emessi dalle persone. La musicalità del parlato dipende dalle caratteristiche acustiche dei suoni articolati, dalla loro distribuzione nel tempo e da come si intrecciano elementi acustici e linguistici. Diverse sono le componenti che attribuiscono musicalità al parlato.

Il volume della voce si traduce in suoni più o meno intensi, con maggiore o minore carica di energia. Ogni persona ha un volume di voce che la caratterizza, e a seconda delle situazioni e delle esigenze sociali e culturali può variare di molto. Ci sono forze vocali appropriate alla posizione sociale che si occupa, se si è donne o uomini, giovani, anziani, dominanti o subordinati e al contesto, al lavoro, tra gli amici, in chiesa, al bar, a lezione.

Anche nel corso della stessa conversazione siamo in grado di modificare la nostra forza vocale, a volte arriviamo a bisbigliare altre ci mettiamo ad urlare. I cambiamenti bruschi del volume della voce attirano l'attenzione di chi ci sta intorno, oltre che del nostro interlocutore. Gli altri si interesseranno maggiormente a ciò che diciamo se improvvisamente alziamo il tono della voce, e ancora di più se lo abbassiamo in modo improvviso e inaspettato.

Alzando o abbassando il tono della voce possiamo segnalare al nostro interlocutore distanza o vicinanza fisica, spaziale ma anche psicologia o sociale. Quando gridiamo ad una persona che si trova lontano da noi gli segnaliamo che dovrebbe avvicinarsi per permetterci di normalizzare il nostro volume della voce; se invece alziamo la voce quando l'interlocutore è vicino diamo il segnale di voler richiamare la sua attenzione oppure che le differenze che ci dividono non gli consentirebbero di capire se parlassimo con un volume normale. Abbassare la voce invece, in genere, da l'impressione di voler restringere la cerchia dei partecipanti ad una conversazione.

L'aumento o la diminuzione del tono di voce hanno anche la funzione di qualificare i discorsi, segnalando che sono privati, confidenziali oppure ufficiali, solenni, pubblici. Infatti, quando riveliamo un segreto ad un amico tendiamo ad abbassare la voce anche se non c'è nessun altro presente.

In base alla tensione delle corde vocali si producono suoni più acuti o più gravi. In una conversazione possiamo tenere un tono medio diverso che in un'altra, e anche all'interno della stessa il tono subisce rapide e continue variazioni.

Dall'intonazione si capisce anche l'intenzione di un enunciato, *che fai?* detto in modo ascendente indica una domanda sincera e interessata, ma se viene detto invece con tono discendente può diventare una domanda di rimprovero o di sospetto. In genere quando il tono scende si dice qualcosa di scontato che potrebbe non interessare l'interlocutore.

L'intonazione, in quanto indicante novità o dato di fatto, serve a regolare i rapporti con chi ci ascolta creando un clima di interesse o al contrario di ovvietà. In questo modo connotiamo ciò che diciamo: alcune cose risulteranno banali, condivisibili, altre sorprendenti, motivo di riflessione. Un bravo comunicatore può permettersi di ripetere gli stessi discorsi richiamando comunque l'attenzione di chi lo ascolta.

Tra una lingua e l'altra le differenze di intonazione sono notevoli, e lo sono anche tra varianti di una stessa lingua, per cui ci saranno intonazioni che attirano maggiormente l'attenzione rispetto ad altre.

Altro aspetto importante della comunicazione è la velocità dell'eloquio, ovvero il numero di sillabe pronunciate al secondo. Questa varia sia in base alla velocità con la quale pronunciamo le parole sia a seconda delle interruzioni durante la nostra esposizione. La velocità nel parlare può indicare ansietà o, al contrario, tranquillità: una pronuncia a velocità elevata segnala fretta o preoccupazione, una a bassa velocità indica calma, serenità. Molte interruzioni in un eloquio lento segnalano che il parlante è mentalmente disorganizzato, mentre un eloquio rapido e fluente segnala che si è padroni della conversazione quindi sicuri di sé.

Rallentare il ritmo durante l'esposizione attira l'attenzione dell'interlocutore sulle parole pronunciate più lentamente, o se molto esteso può essere un segnale per richiamare l'attenzione di un interlocutore distratto. I cambiamenti di velocità marcano anche la struttura sintattica delle frasi: se le frasi sono complesse le subordinate sono pronunciate rapidamente.

I suoni linguistici possono essere compressi o stirati, variando la durata delle parole o di parti delle parole. Comuni sono gli allungamenti vocali o i raddoppiamenti, che caricano le parole di significati diversi. L'incremento della durata suggerisce che ci si vuole soffermare su quel discorso, ma solo all'interno del contesto si può comprendere ciò che vuole dire il parlante.

Mentre nello scritto si usa poco l'accento, nel parlato sono onnipresenti: imprimiamo forza vocale dando rilievo ad alcune sillabe, e altre le pronunciamo più debolmente appoggiandole sulle prime.

In ogni lingua gli accenti cadono in punti precisi delle parole, il ritmo è dato dalla distribuzione degli accenti nel tempo, ovvero se sono più ravvicinati o distanziati. Tuttavia, anche se prestabiliti, noi operiamo sulla durata degli accenti. Inoltre, nel corso di una conversazione inseriamo intervalli melodici, interruzioni che non vengono percepite perché riempite dall'eco della sillaba precedente. L'ascoltatore quindi non si rende conto di quando la voce si interrompe, ma avverte il cambiamento nella frequenza degli accenti e si accorge del ritmo mutato. Gli attori utilizzano maggiormente gli intervalli melodici piuttosto che lo stiramento delle sillabe che rischia di deformare le parole.

Il ritmo è rivelatore in quanto svela la pronuncia di chi parla, segnala il temperamento, l'umore, le emozioni, e influisce sul significato di ciò che diciamo facendo leva sulla connotazione.

L'enfasi, il mettere il rilievo una parola o una parte, si ottiene con la combinazione di più espedienti melodici. Si inseriscono intervalli melodici prima e dopo il segmento della parola che vogliamo enfatizzare, si rallenta l'eloquio e si modifica la forza vocale, in genere abbassandola. L'enfasi è molto importante perché serve a far capire il fuoco di una frase o di un discorso e spesso è essenziale per far comprendere ciò che si dice.

A seconda della parola che scegliamo di enfatizzare infatti il senso cambia.

L'enfasi è anche un potente mezzo per produrre aspettative nell'interlocutore, alcuni studi hanno dimostrato che, con il giusto tono di voce, facendo capire cosa ci aspettiamo l'altro è portato a comportarsi proprio in quel modo. Gli sperimentatori enfatizzavano a volte la parola successo, altri la parola insuccesso e questo portava i soggetti a giudicare le persone delle fotografie come di successo o no.

Esercizio - modula la tua voce
Ora scrivi la prima parola che ti viene in mente:

_____

_____

Adesso che hai pronunciato e scritto la parola, prova a ripeterla a voce alta cambiando il tono e modulandola in modo che questa parola assuma significati, colori e sapori diversi, modifica il suono della tua voce, modifica anche la tua mimica facciale ed esprimi questa parola in modo che assuma significati nelle modalità di seguito descritte:

-ironica

-autoritaria

-arrabbiata

-paradossale

-sensuale

-intrigante

-misteriosa

-erotica

-triste

-paurosa

-sarcastica

Prova ancora con nuove parole.

Paralinguistica

Il linguaggio è l'abito del pensiero.
Samuel Johnson

Tutti i segnali non verbali prodotti con la voce, che siano musicali o no, possono essere compresi nella paralinguistica. E' solito considerare segnali paralinguistici anche tutti quel segnali non verbali che accompagnano il parlato, ma non sono dotati di musicalità, come le interruzioni dell'eloquio e varie emissioni sonore: schiarimenti di voce, tosse, sospiri, sbuffi, grugniti, farfugliamenti, vocalizzazioni.

Una pausa può servire a riflettere su quanto è emerso o su ciò che è accaduto nella conversazione precedente, ma può anche essere un invito a riflettere rivolto all'interlocutore.

Il silenzio è un segnale ambiguo, può avere un senso costruttivo come per esprimere consenso, intesa, intimità, per aprirsi all'altro o per esprimere la forte concentrazione su un contenuto; ma può essere usato anche in senso distruttivo per esprimere dissenso, distanza, chiusura. Spesso chi tace spiega il suo silenzio in modi inaspettati, ma altri segnali o il contesto possono chiarire il motivo del silenzio.

Quando non si vuole prendere posizione spesso si ricorre al silenzio proprio in quanto ambiguo, ad esempio lo si usa quando la situazione non è chiara o perché non ci si vuole rivelare. Tacendo rimaniamo fedeli a noi stessi senza impegnarci con l'altro.

Nelle culture occidentali il silenzio è visto come una minaccia non tollerabile. Questo a meno che il silenzio non sia imposto, come avviene nei contesti istituzionali ad esempio delle scuole dove gli allievi che devono tacere durante la lezione, ma se è consentito parlare, il fatto che qualcuno taccia è imbarazzante o addirittura preoccupante. Nelle culture orientali invece il silenzio è visto come una risorsa perché segnala che si sta meditando, che si ascolta l'altro. Questa differenzia si spiega con il fatto che le culture occidentali sono individualistiche, mentre le orientali sono olistiche e considerano l'individuo come parte di una collettività. Per la cultura occidentale la fonte delle conoscenze è l'individuo quindi tacere vuol dire tirarsi indietro nel lavoro di costruzione collettiva della conoscenza; per la cultura olista invece la fonte della conoscenza è la collettività, l'individuo non produce conoscenza singolarmente ma accoglie la conoscenza dalla collettività quindi tacere vuol dire rendersi disponibile all'ascolto e contribuire alla costruzione della conoscenza collettiva servendosi della comunicazione.

Due sono le caratteristiche fondamentali sulla base delle quali differiscono i vari segnali non verbali, la stabilità e i legami con la produzione linguistica. Alcuni tendono a restare costanti nella conversazione, altri variano in rapporto a ciò che si dice.

Dalla qualità della voce delle persone traiamo molte informazioni, ricavate da inferenze basate sui discorsi, sulle cose dette, e dalla parte non verbale del parlato.

Le ricerche sulla decodifica dei segnali non verbali hanno rilevato che gli ascoltatori inferiscono due ordini di informazioni dalla qualità della voce: informazioni sulla persona che parla e sul contesto in cui parla.

Come accade quando ci chiama qualcuno al telefono, siamo in grado di riconoscere la voce di una persona anche in mezzo a tante altre, la voce infatti è un tratto distintivo individuale e funziona da indizio nella percezione interpersonale.

Molti sono i segnali sui quali ci basiamo per formarci un'impressione sugli altri, ma anche da sola la voce è una fonte di informazioni molto ricca. Dalla voce possiamo capire l'età di chi parla, la regione di provenienza, l'etnia a cui appartiene, e anche la classe sociale. Inoltre la voce può anche indicarci la professione che la persona svolge: il politico, il manager, il prete.

Spesso le persone modificano la voce per mascherare la propria estrazione socio-culturale. Altre volte le persone cambiano modo di parlare a seconda dell'interlocutore che hanno davanti e al contesto in cui si trovano. L'origine però è difficile da mascherare, perché viene individuata facilmente dagli aspetti non verbali dell'eloquio e, una volta compreso a quale gruppo sociale appartiene in base alla rappresentazione stereotipata di quel gruppo, inferiamo anche altre cose sul suo conto, come la personalità. Alcuni tratti della personalità possono ricavarsi anche indipendentemente dal gruppo sociale di appartenenza individuato grazie alla voce. Una persona è considerata socievole se ha un eloquio rapido, e utilizza un tono ed una forza vocale elevati, poi se l'eloquio è anche fluente e ben modulato fa pensare anche ad una persona intraprendente. Una voce infantile, come un volto dai tratti infantili, in genere fa sembrare le persone più affidabili e simpatiche, ma in un adulto una voce infantile rapida ed acuta lo fa giudicare anche onesto e gentile. Questo non significa che le impressioni corrispondano al vero, senza una conoscenza approfondita della persona spesso si sbaglia. Alcuni tratti della voce di una persona rimangono stabili, ma ve ne sono altri che variano di volta in volta a seconda del contesto nel quale stiamo comunicando. La voce fornisce informazioni anche sulle emozioni provate da chi parla, tuttavia è facile sbagliarsi perché le persone esprimono le emozioni in modo diverso e discostandosi dagli standard: c'è chi quando è in ansia rallenta la velocità dell'eloquio invece di aumentarlo.

Ci sono delle emozioni però, che sono maggiormente riconoscibili, e in genere sono quelle negative. Un viso arrabbiato in mezzo a molti visi felici lo si individua più facilmente che un viso felice in mezzo a molti arrabbiati. Gli errori nel riconoscere le emozioni in genere sono sistematici, si confonde facilmente gioia e sorpresa, collera e disprezzo, paura e tristezza, ma anche la tristezza e la compassione, la paura e la sorpresa. E' il grado di attivazione simile a far confondere due emozioni diverse, la qualità della voce infatti fornisce informazioni soprattutto sull'intensità dell'emozione provata più che sulla specifica emozione. Altre confusioni avvengono per motivi culturali dato che le emozioni sono definite in modo particolare da ogni cultura.

La voce manifesta anche gli atteggiamenti interpersonali di chi parla, il modo in cui si pone rispetto all'interlocutore e al contesto. La voce, insieme alle espressioni del viso, agli sguardi e ad altri segnali non verbali, esprime efficacemente atteggiamenti del tipo amichevole-ostile o dominante-sottomesso, e funziona anche da metasegnale facendo capire se chi parla scherza o fa sul serio, se ironizza, se mente o cerca di persuadere.

La voce indica anche l'atteggiamento del parlante riguardo ai contenuti del discorso; dai cambiamenti del tono vocale, della forza, della velocità dell'eloquio e delle durate si capisce se consideriamo il discorso positivamente o negativamente se per noi si tratta di cose importanti o no, intelligenti o banali.

EMOZIONE	CARATTERISTICHE DELLA VOCE
Paura	Forza vocale e tono aumentati, eloquio accelerato, ritmo irregolare, tremolii
Rabbia	Forza vocale e tono aumentati, eloquio accelerato, ritmo irregolare, pause brevi o assenti
Tristezza	Forza vocale e tono bassi, eloquio rallentato, pause lunghe
Disprezzo	Forza vocale buona, tono basso, eloquio lento, aumento della durata che dà l'impressione di espressioni scandite
Gioia	Forza vocale aumentata, tono particolarmente elevato, eloquio accelerato, profili di intonazione ascendenti
Tenerezza	Forza vocale ridotta, tono basso, ritmo regolare, profili di intonazione lineari

La voce in questi casi è strettamente legata al linguaggio, ad esempio se la voce manifesta scarso interesse per il tema trattato, i tempi probabilmente saranno al passato o al condizionale e compariranno marcatori di distanza come per allontanare la cosa a cui non si da credito.

Esercizio: Prova le incongruenze.

Ora ti chiedo di metterti seduto/a con le braccia conserte, le spalle chiuse, le gambe accavallate, e ti chiedo di percepire un sapore disgustoso, quindi di assumerne l'espressione nel viso e di assottigliare gli occhi, in questa posizione e con queste sensazioni prova a pronunciare questa frase:

"Buongiorno a tutti!! Oggi è una meravigliosa giornata e sono felice di essere così raggiante!!"

Ora ti chiedo di alzarti in piedi di aprire le tue spalle, petto in fuori, di immaginare una buona pietanza da mangiare e di rendere il tuo volto sorridente, e di pronunciare nuovamente la frase.

Cosa è cambiato?

Ora prova a ricordare le volte in cui ti sei espresso/a in una condizione fisiologica che derivava da momenti precedenti al tuo colloquio…il risultato?

_____

_____

_____

_____

L'abbigliamento

La moda evolve sotto l'impulso di un desiderio e cambia per effetto
di una ripulsa. La saturazione porta la moda a buttare alle
ortiche quello che fino a poco tempo prima adorava. Poiché la sua
ragione profonda è il desiderio di piacere e di attirare, la sua
attrattiva non può certo venire dall'uniformità, che è la madre
della noia.
Christian Dior

Un altro elemento importante del nostro modo di essere e di apparire e indicatore di status sociale, l'abbigliamento ha il potere di segnalare la condizione economica, il prestigio e anche il ruolo di una persona. Abiti di marca e gioielli costosi suggeriscono uno status molto elevato, anche se c'è da segnalare che le tendenze egalitarie delle attuali società occidentali hanno scoraggiato sempre più l'ostentazione spudorata della ricchezza. I segnali di status elevato al giorno d'oggi sono divenuti sottili, e ultimamente va molto di moda fra le persone benestanti indossare abiti che ricordano quelli da lavoro di un operaio, lasciando a marca e rifiniture il compito di indicare che si tratta di un abito costoso.

Dopo gli abiti, sono sicuramente dettagli come abbronzatura, cura di mani e piedi, taglio di capelli ad indicare uno status elevato.

L'abbigliamento informa riguardo sesso ed età di una persona, e può addirittura indicare il paese d'origine se la persona indossa abiti tradizionali del suo popolo conosciuti da tutti in quanto tali.

Segnalando status e aspetti dell'identità degli individui, l'abbigliamento consente di interpretare immediatamente i contesti di vita sociale e di prevedere le interazioni, e ha anche la funzione di mantenere i rapporti, specie quelli di potere, per questo l'abbigliamento è governato da norme sociali. In passato era addirittura regolato da norme giuridiche, mentre oggi a prescrivere un abbigliamento conforme al proprio status sono le norme di costume. Proprio per questo l'abbigliamento è in grado di fornire informazioni sull'atteggiamento verso le norme sociali e la cultura dominante, ovvero possiamo capire se una persona è conformista o anticonformista. L'abbigliamento può indicarci se una persona segue la disciplina della presentazione esteriore vigente nella società o se la rifiuta, ribellandosi ad essa. I capelli costituiscono un segnale: in genere capelli lunghi nei maschi indicano che ci si sottrae al controllo sociale, e infatti in molte società sono prerogativa dei ribelli e degli intellettuali; ma anche i capelli rasati sono spesso simbolo di ribellione. L'abbigliamento può anche segnalare l'appartenenza ad una controcultura, ovvero ad un gruppo di persone che ha uno stile di vita alternativo rispetto a quello dominante. Sono soprattutto gli adolescenti a valutare e giudicare gli altri a partire dall'abbigliamento, e questo spiega perché siano quelli che più tengono a curarlo.

Con l'abbigliamento si può esprimere consenso o dissenso su specifiche norme di costume, come avverrebbe se ci presentassimo in ciabatte al ristorante.

Osservando l'abbigliamento di una persona possiamo capire quanto tenga all'immagine di sé e se è in grado di curarla. In alcuni casi, come quando si cerca di mascherare l'età vestendo in modo giovanile, si corre il rischio di sembrare ridicoli.

Nelle società complesse l'abbigliamento cambia continuamente, anche nel corso di una giornata si passa dai vestiti da lavoro a quelli da casa. Persino in un episodio comunicativo, il togliersi la giacca o arrotolarsi le maniche di una camicia manda un messaggio all'esterno che potrebbe essere quello di rendere il clima meno formale o di sollecitare una persona a iniziare a lavorare.

Importanti effetti psicologici dell'abbigliamento sono l'individuazione e la de-individuazione: l'abbigliamento infatti sottolinea la nostra identità e noi ci riconosciamo in uno stile. Per tale motivo alcune persone tendono a vestirsi in modo costante così da essere facilmente riconosciute e distinguersi, e altre cercano tratti di originalità per sottolineare l'unicità della loro persona.

Per curare il nostro *brand* dobbiamo curare adeguatamente il nostro abbigliamento. E' importante essere a nostro agio, quindi indossare abiti che siano per noi comodi e nei quali ci riconosciamo. Ovviamente l'abbigliamento deve essere congruo al lavoro nel quale siamo impegnati, e valorizzare la nostra persona, considerando la costituzione, il sesso, l'età e la personalità.

Il nostro *look* è sicuramente influenzato dal proprio gusto personale. Per le donne c'è chi preferisce indossare le gonne e chi i pantaloni o chi ha preferenza a calzare delle scarpe con tacco, chi gli stivali o semplicemente delle scarpe basse. Per gli uomini qualcuno è più a suo agio con giacca e cravatta e altri invece preferiscono un abbigliamento più *casual* con camicia e maglione. Ognuno di noi crea un suo stile personale che può riproporre e personalizzare in ogni stagione.

A volte, siamo in difficoltà, in alcune particolari occasioni non sappiamo come vestirci, oppure non sappiamo come abbinare gli abiti in maniera impeccabile.

Conoscere la propria costituzione

In generale, la prima cosa, per imparare a fare i giusti abbinamenti per gli abiti, è prendere coscienza delle proporzioni del proprio fisico. Per le donne: siete alte e slanciate? Allora sicuramente potere indossare gonne corte oppure lunghe con spacco laterale e pantaloni a sigaretta che mettono in risalto le vostre gambe. Se invece avete un'altezza media e avete dei fianchi da voler mettere in evidenza, potete indossare gonne strette in vita e che arrivano fin sopra il ginocchio o gonne a vita alta con camicie sfiancate per armonizzare la figura; se preferite indossare un abito, in questo caso utilizzate vestiti con cinturino in vita che evidenzierà questa zona del corpo. Per gli uomini minuti e poco slanciati sono preferibili abiti a misura, da evitare abiti con taglie standard troppo abbondanti o soprabiti troppo lunghi. Per chi è in sovrappeso da evitare maglioni aderenti e camice e giacche al limite dell'abbottonatura.

I colori dell'abbigliamento

Per le donne uno dei colori di base è sicuramente il nero e sempre vincente dalle occasioni più formali a quelle più casual, il nero è perfetto è facilissimo da abbinare per essere sempre chic. Scegliete capi di questo colore che abbinano dettagli per dare un tocco di originalità all'intero guardaroba. A scelta pietre, perline, pizzi e merletti, senza esagerare, che renderanno particolare il vostro vestito. In genere ogni stagione ha un colore di moda, da evitare i colori troppo vistosi difficili da riutilizzare nella stagioni successive e a volte a rischio dozzinale.

Per gli uomini ottimi i colori di base grigio antracite, blu, marrone, attenzione al colore delle camicie, di base il bianco e l'azzurro sono i vincenti.

Gli accessori come elemento essenziale

Il vostro stile può diventare perfetto con i giusti accessori. Ponete la giusta attenzione a occhiali da sole, foulard, sciarpe, borselli, borse, e cappelli che possono cambiare radicalmente uno stile anonimo.

La parola d'ordine per essere bellissimi è sempre la stessa: siate voi stessi e sarete magnifici!

Esercizio - elenco delle cose da cambiare nel guardaroba:

_____

_____

_____

_____

_____

_____

_____

_____

_____

_____

_____

_____

_____

La prossemica

"La cosa più grande è lo spazio, perché tutto comprende."

Talete

Il termine *prossemica* è stato coniato da Edward Hall per indicare lo studio di come le persone strutturano lo spazio e lo usano per comunicare. Comunichiamo a seconda di come ci collochiamo nello spazio intorno a noi, di come ci muoviamo e ci rapportiamo all'interno dello spazio.

Il comportamento spaziale è in grado di comunicare perché l'uomo si muove, oltre che in uno spazio fisico, in uno spazio simbolico che è carico di significati dati dal rapporto affettivo tra l'individuo e ciò che lo circonda, e dalle norme socio-culturali che lo regolano.

Quando un professore si avvicina alla cattedra gli allievi capiscono che la lezione sta per iniziare, quando vediamo avvicinarsi alla nostra porta un portalettere capiamo che c'è posta per noi. Il significato dei segnali prossemici è intuitivo, ma assume uno specifico significato per noi perché ci sono spazi destinati a certe attività, spazi riservati a persone di un certo status e spazi privati il cui accesso è vietato agli altri.

Le norme socio-culturali hanno un ruolo importantissimo nell'attribuire un certo senso allo spazio. L'antropologa Ochs nelle isole Samoa ad esempio notò che mettendosi nella parte della casa dove di solito si accolgono gli ospiti importanti, i bambini sapendo che era un'insegnante interpretavano quella presenza collocata in quello spazio come il segnale di inizio di un'attività scolastica. Quando ci si trova alla presenza di persone con un background culturale diverso dal nostro bisogna stare attenti a dove ci si mette e a come ci si muove, perché gli spazi potrebbero avere significati che ignoriamo.

Lo spazio interpersonale è quello che ognuno pone tra se e gli altri. Per essere rispettato, le altre persone non devono entrarci, e cercare di mantenere le dovute distanze interpersonali non invadendolo neanche con suoni, odori e sguardi. Gli esseri umani sono da distanza, anche se la vicinanza è tollerata in alcune culture. Sedendo in una sala d'aspetto, se lo spazio è sufficiente, le persone tendono a tenersi ad una certa distanza tra loro.

Lo spazio personale ha diverse funzioni. Ha la funzione di difesa, in quanto controlliamo che gli altri non lo invadano per sentirci sicuri riguardo a minacce fisiche e psicologiche. Diverse ricerche a riguardo hanno dimostrato, ad esempio, che le persone vittime di aggressione tendono ad ampliare il proprio spazio personale per un certo periodo di tempo dopo la violenza.

Altre funzioni dello spazio personale sono quella di regolare l'intimità e di comunicare. A seconda della persona, della situazione e della nostra condizione, sentiamo la necessità di chiuderci o di aprirci, e dobbiamo comunicare il nostro desiderio di aprire o chiudere lo spazio ad un'altra persona.

I confini dello spazio personale di ogni individuo possono essere misurati con tecniche fisiologiche oppure individuati chiedendo di fermare una persona che si avvicina nel momento in cui si inizia a provare disagio.

Lo spazio personale è elastico; a seconda del rapporto che abbiamo con l'altra persona, quindi se è un collega, un conoscente, uno sconosciuto, e delle circostanze in cui ci troviamo, noi teniamo distanze interpersonali diverse. Hall elenca quattro distanze, quattro zone:

- Distanza intima: di circa 45 cm, è tipica dei rapporti stretti e delle situazioni di vicinanza psicologica.

  A distanza intima è probabile che ci si tocchi, si può sentire il calore emanato dal corpo, gli odori, il respiro, e si può parlare anche sottovoce. A questa distanza si vedono dettagli del viso e del corpo dell'altro che altrimenti non si vedrebbero, e bisogna fare uno sforzo a mettere a fuoco il volto dell'altro. Ammettere qualcuno nel proprio spazio intimo è una concessione perché ci si espone e bisogna sforzarsi per guardare l'altro.

- Distanza personale: che comprende uno spazio che va dai 45 cm di distanza ai 120. L'altro si può ancora toccare e si vedono alcuni dettagli ma occorre moderare il tono di voce per parlarsi e non si percepisce ne il calore ne l'odore del corpo in genere. La distanza personale è la distanza che generalmente si tiene nelle conversazioni informali.

- Distanza sociale: è la distanza tipica dei rapporti informali, e per i nordamericani va dai 120 cm ai 360 cm. A questa distanza non si può arrivare a toccarsi e si parla con una forza vocale normale. Oltre i due metri non ci si sente neanche obbligati a dialogare, si possono sbrigare le proprie faccende in silenzio.

- Distanza pubblica: dai 360 cm ai 7 metri ed è la distanza che in genere tengono i docenti in una lezione o quando ci si saluta per strada con un conoscente. Trovandosi a questa distanza, se ci si sente minacciati è sempre possibile fuggire o sottrarsi al rapporto con l'altro. Anche il linguaggio di solito assume caratteristiche formali.

Non è sempre possibile regolare la distanza interpersonale, in alcune situazioni è inevitabile avvicinarsi, come accade spesso in autobus o quando ci si trova in ascensore con sconosciuti. In questi casi, le persone cercano di allontanarsi a livello psicologico, con la mente, evitando il contatto visivo e cercando di guardare altrove, assumendo una postura tesa con le mani lungo i fianchi o fisse. Se si entra in contatto ci si imbarazza e il corpo si irrigidisce ancora di più, in questo modo si diventa simili ad altri oggetti dell'ambiente. In queste occasioni la voce tende ad essere fredda e quasi amichevole, se si fanno discorsi riguardano argomenti che non coinvolgono gli interlocutori, come il tempo o la cronaca.

Dal punto di vista psicologico, la distanza interpersonale dipende anche dal modo in cui ci si guarda, dalla postura che si assume, dalla voce e dal tipo di discorso, infatti si può essere vicini ad una persona fisicamente e rimanere distaccati psicologicamente, o viceversa sentirla vicina psicologicamente anche se ci si trova lontani.

Le donne in genere adottano distanze interpersonali minori rispetto agli uomini, come anche bambini e anziani, e probabilmente questo avviene perché più si è vulnerabili più si tende ad aprirsi all'aiuto e al conforto dell'altro.

Le persone di status elevato tendono ad avere distanze maggiori rispetto agli standard, e le persone di minore status si tengono a distanza da quelle di status più elevato più che dai loro pari. L'uso di spazi, infatti, ha un valore simbolico ed è la modalità più importante con cui si segnala una posizione di dominanza . Una persona può comunicare il suo status elevato anche solo rimanendo a sedere dietro la scrivania invece che farsi avanti per venire incontro a qualcuno.

La prossemica è un argomento importante in ogni tipo di relazione perché potrebbe fare un'enorme differenza nel campo delle vendite per esempio tra vendere e non vendere, o in una negoziazione, tra convincere oppure no. E' importante imparare ad osservare i segnali che gli altri inviano durante una negoziazione, per esempio se ci si accorge che quando ci si avvicina il cliente si allontana leggermente, probabilmente si è entrati nel suo spazio vitale e inconsciamente l'interlocutore ha ristabilito il proprio confort personale ridefinendo la propria area di benessere.

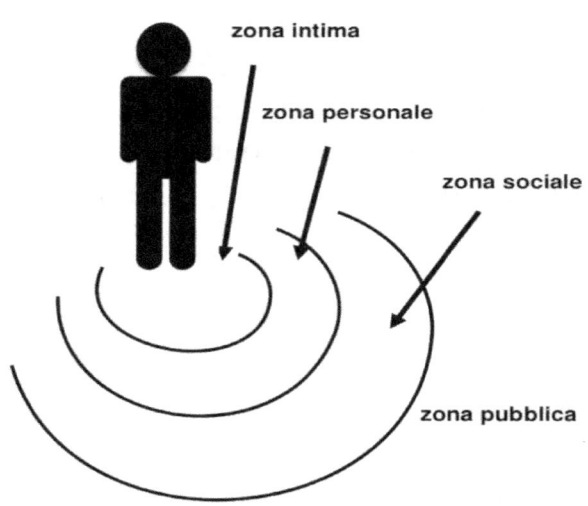

A volte queste piccole disattenzioni possono portare l'interlocutore a decidere per il no ad una eventuale proposta, semplicemente perché *"a pelle"* c'è qualcosa che non va. Consciamente il motivo non si ha spiegato, ma qualcosa disturba e non convince la parte, in seguito si cercherà una motivazione razionale alla decisione emozionale proveniente dal disagio. A quel punto il "no" avrà una struttura di sostegno e concludere un eventuale trattativa diventerà più difficile.

La postura

Il corpo non mente. Anche quando una persona cerca di nascondere i suoi veri sentimenti con un atteggiamento posturale artificiale, il corpo smentisce la posa con lo stato di tensione che si viene a creare.

Alexander Lowen

Con la postura il nostro corpo comunica. Sebbene siano state individuate circa un migliaio di posture, vi sono alcune linee entro le quali la postura può cambiare e sembrano essere universali.

-La dimensione tensione-rilassamento si manifesta rispettivamente con arti posti in modo simmetrico, capo e mani composti, o al contrario ponendo gli arti asimmetricamente, inclinando il capo da un lato e le mani abbandonate sui fianchi. Questi tipi di postura segnalano i rapporti di dominanza e di sottomissione, o comunque differenze di status tra i due interlocutori: superiore è rilassato, mentre l'inferiore manifesta tensione nella postura. Ma possono anche segnalare il grado di formalità dell'incontro, infatti più si è formali più si rimane tesi, oppure rapporti di amichevolezza-ostilità. Una postura moderatamente rilassata segnala simpatia, mentre una troppo rilassata può essere interpretata come una mancanza di rispetto.

-La dimensione apertura-chiusura si esprime protraendosi in avanti e aprendo braccia e gambe, oppure al contrario tirandosi indietro e chiudendo gli arti. Queste posture esprimono attrazione o repulsione, interesse o disinteresse per ciò che si dice, consenso o dissenso.

-La dimensione erezione-rannicchiamento può segnalare dominanza o sottomissione. Se si sta impettiti con le mani sui fianchi e il capo all'indietro si esprime dominanza, se invece si abbassa il capo, ci si inchina o ci si inginocchia ci si sottomette.

Le posture segnalano anche l'emozione che si prova e l'intensità di tale emozione. Durante una conversazione in genere si assume da una postura a quattro posture, e anche il cambiamento di postura manda un messaggio all'interlocutore. Insieme alle posture cambiano anche le orientazioni, e se l'interlocutore cambia postura e orientazione anche gli altri tendono a cambiarle. A volte le persone arrivano addirittura ad imitare la postura dell'altro, questo in genere avviene quando si prova simpatia e si entra in *rapport,* il momento nel quale il flusso della comunicazione è ottimizzato e ci sentiamo a nostro agio con l'interlocutore. I cambiamenti di postura e orientazione possono essere molto o poco legati al discorso che si tiene, ma scandiscono le fasi del discorso e possono segnalare l'atteggiamento che si ha verso ciò che si dice.

Lo sguardo

"Un incontro di sguardi è uno scambio di emozioni, una relazione di luce o di ombra che va oltre il visibile e racconta in silenzio qualcosa di noi. "
Emanuela Breda

Lo sguardo è un potente mezzo di comunicazione che permette di regolare i rapporti sociali, il sociologo George Simmel infatti definiva il guardarsi "un unione straordinaria tra due persone". Ci sono vari modi con cui gli occhi trasmettono informazioni alcuni dei quali sono involontari, possiamo quindi comunicare le nostre emozioni con le variazioni del diametro pupillare, i movimenti del globo oculare, i movimenti delle palpebre e la mimica perioculare.

Il diametro delle pupille varia di continuo a seconda delle condizioni di luminosità, in modo da ottimizzare il funzionamento dell'occhio, ma anche in ragione dell'impatto emotivo degli stimoli esterni a cui una persona è sottoposta e può crescere addirittura 8 volte, da 1 mm a 8 mm.. Se ciò che vediamo ci provoca emozioni positive e ci attrae, le pupille si dilatano; se proviamo repulsione invece si restringono. Quindi, involontariamente e inconsapevolmente, siamo portati a regolare la luce a seconda che ciò che osserviamo nell'ambiente per noi è guardabile o inguardabile. E proprio perché non vi esercitiamo alcun controllo, il diametro pupillare è un indicatore sincero del rapporto emotivo che abbiamo con gli stimoli esterni e risulta utile per smascherare finti atteggiamenti. Confucio diceva che "se guardi le pupille, una persona non può nascondere se stessa", infatti alcuni mercanti arabi sembra che osservino le pupille degli acquirenti per capire se sono davvero interessati alle merci, e nella Cina prerivoluzionaria i commercianti usavano portare occhiali scuri per mascherare le loro intenzioni.

In diverse ricerche si sono rilevate le reazioni pupillari emotive per esempio le immagini di lattanti scatenavano un'intensa dilatazione pupillare nelle donne e negli uomini sposati con figli, mentre gli uomini non sposati o senza figli tendevano a restringere le pupille, quasi a dimostrare che nei maschi l'interesse per i bambini intervenisse solo dopo aver avuto figli. La reazione di restringere le pupille nei maschi senza figli potrebbe indicare che i figli siano qualcosa da evitare, che costituiscano un problema.

Altre sperimentazioni hanno rivelato nei maschi una dilatazione delle pupille alla vista di foto di donne nude attraenti, e nelle donne alla vista di foto di maschi attraenti. La dilatazione delle pupille è legata allo stimolo del piacere che per esempio può essere soddisfatto anche con la vista del cibo. o con altri stimoli simili.

Le pupille si dilatano o si contraggono a seconda dell'attrazione o della repulsione suscitata dagli stimoli, ma non è detto sempre che siano segnali comunicativi, potrebbero anche essere reazioni fisiologiche all'illuminazione, per questo risulta difficile un'interpretazione. Il diametro pupillare funziona da segnale non verbale.

Alla vista di pupille dilatate di solito si reagisce, subito e inconsapevolmente, dilatando le pupille, un meccanismo di sincronizzazione della reazione emotiva che porta a produrre lo stesso segnale di attrazione manifestato dall'altro che stiamo guardando. Allo stesso modo funzionano le espressioni facciali, questo fenomeno è alla base della teoria del contagio emotivo.

La sincronizzazione delle reazioni pupillari si può dimostrare presentando disegni schematici di iridi con pupille per poi registrare le variazioni del diametro pupillare dei soggetti che li stanno guardando.

Inoltre, quando vediamo le pupille di un'altra persona dilatarsi automaticamente le dilatiamo anche noi e proviamo anche emozioni positive di attrazione. Alcuni studi hanno rilevato che colleghiamo naturalmente pupille piccole con emozioni negative e pupille grandi con emozioni positive.

Le donne nell'antica Roma utilizzavano come cosmetico il succo di una pianta, chiamata belladonna, famosa perché il frutto contiene sostanze che provocano la dilatazione delle pupille. Da vari esperimenti si è dimostrato che la dilatazione delle pupille prodotta farmacologicamente accresce la probabilità di risultare graditi agli occhi degli altri.

Gli occhi possiedono una muscolatura più rapida e resistente di quella del resto del corpo, infatti li muoviamo continuamente per orientare lo sguardo verso punti diversi dello spazio che ci circonda. L'occhio compie anche movimenti più lenti per inseguire bersagli mobili e movimenti che servono a far convergere gli occhi o a farli divergere per mettere a fuoco gli oggetti o a lasciarli sfuocati per far prevalere lo sfondo. Spesso gli spostamenti degli occhi sono accompagnati da movimenti del capo e più raramente anche del corpo. Alcuni sono automatici, ma molti sono controllati e volontari.

La direzione dello sguardo è un segnale importante. Come i gesti del dito o della mano, anche dirigere lo sguardo può avere una funzione deittica: volgendo lo sguardo ad un oggetto reale o immaginario, e spesso muovendo in concomitanza anche il capo nella stessa direzione, attiriamo l'attenzione dell'interlocutore su di esso. Puntare l'interlocutore può voler dire chiamarlo in causa o accusarlo, minacciarlo, oppure empatizzare con lui o tentare di sedurlo. Nelle interazioni è frequente dirigere lo sguardo sia verso le altre persone che verso centri comuni di interesse, anche solo per tenere d'occhio la situazione e coordinarci. Quando si conversa i movimenti degli occhi servono a regolare lo scambio e illustrare i discorsi.

Oltre agli sguardi verso persone e oggetti, ci sono anche gli sguardi di sfondo e non è indifferente guardare in alto o in basso, a sinistra o a destra. Uno sguardo proiettato in avanti indica che si è orientati ad una meta e può indicare, a seconda del contesto, sicurezza di sé, determinazione, desiderio. Guardare in alto in genere ha una connotazione positiva, perché legato all'idea di superiorità, eccellenza, irraggiungibilità. Lo sguardo in basso al contrario indica una situazione di inferiorità, sottomissione.

Dirigere lo sguardo a destra o a sinistra invece è indice di un diverso atteggiamento cognitivo, razionale in un caso intuitivo ed emotivo-sociale in un altro. Infatti, sebbene i due emisferi cerebrali collaborino alle attività mentali, c'è asimmetria funzionale. Nei destrimani l'emisfero sinistro opera di più e meglio nelle attività linguistiche, nell'atteggiamento analitico e nelle attività motorie; il destro invece prevale nella comunicazione musicale e non verbale, nelle attività visuo-spaziali e nella comprensione dell'insieme dei contesti, essenziale per orientarsi nella vita sociale. Il contrario accade nei mancini.

Quando svolgiamo attività che impegnano maggiormente l'emisfero sinistro, come lavorare su testi o risolvere problemi verbali e logici, tendiamo a guardare a destra; in attività di risoluzione di problemi spaziali invece siamo portati a guardare a sinistra.

Probabilmente nell'evoluzione si sono sviluppati processi mentali automatici per decodificare l'orientamento destro o sinistro dello sguardo di fondo e inferire il tipo di attività cognitiva dell'altro. Lo riscontriamo nell'esperienza di tutti i giorni, ad esempio le donne usano lo sguardo laterale per segnalare un interesse di tipo sessuale o per apparire seducenti. Tuttavia lo sguardo laterale sinistro è in genere più passionale, mentre il destro indica un tipo di seduzione più intellettuale.

Ogni volta che distogliamo lo sguardo da qualcuno passiamo ad uno sguardo di sfondo. Le persone in genere hanno un lato preferito, e la scelta sembra legata alla personalità: è emerso che le persone che rivolgono lo sguardo a sinistra hanno maggior senso musicale, sono più socievoli e più facilmente ipnotizzabili, inoltre sono orientate ad evitare il controllo delle emozioni, il che indicherebbe una prevalenza nell'emisfero destro. Il modo in cui distolgono lo sguardo fornisce inconsapevolmente informazioni sullo stile cognitivo e di controllo delle emozioni delle persone con le quali interagiamo.

La direzione dello sguardo di sfondo a volte è dettata dalla necessità di evitamento: se si è circondati da persone con le quali non vogliamo interagire, possiamo guardare a terra o in aria.

I movimenti delle palpebre fanno sì che apriamo gli occhi in modo più o meno marcato: occhi spalancati indicano interesse o sorpresa oppure paura; occhi semichiusi suggeriscono allegria, disinteresse, fastidio o collera.

Le palpebre battono ritmicamente ogni 3-10 secondi, un incremento del ritmo segnala tensione o eccitazione sessuale, mentre avviene un calo quando ci si concentra.

La mimica della zona attorno agli occhi dice molto, assieme all'apertura e chiusura degli occhi permette di qualificare lo sguardo come sorridente, dolce, rabbioso, e altro, anche senza vedere il resto del visto. Occhi semichiusi con grinze agli angoli indicano allegria, mentre senza grinze e con le sopracciglia in avanti fanno pensare a uno sguardo collerico; occhi spalancati con sopracciglia sollevate indicano sorpresa, ma se lo sguardo è fisso segnalano indignazione. Quando si è indignati gli occhi possono anche guardare altrove, spesso rivolti verso l'alto o socchiusi, creando un contrasto fra il segnale di interesse dell'innalzamento delle sopracciglia e il segnale di rifiuto della chiusura delle palpebre.

Il tempo che si passa a guardarsi durante una conversazione può essere il 70% come il 30%, ma non tutti gli sguardi sono uguali e l'intensità non si può misurare quantitativamente.

Si possono distinguere però quattro modi di guardarsi. L'occhiata, ovvero lo sguardo breve, dura di solito non più di 5 secondi ed è considerata indiscreta perché scivola sull'altro senza appuntarsi su qualcosa di preciso. La fissazione oculare, o sguardo prolungato, dura di più e appare strategica e programmata dato che fissa una parte del corpo o squadra. Il contatto oculare superficiale o sguardo reciproco consiste nel guardarsi l'un l'altro negli occhi brevemente per 1-2 secondi senza dare l'impressione di penetrazione e si ottiene mettendo a fuoco e con l'espressione. Infine, il contatto oculare profondo che dura di più, penetra ed è più intimo. Questa classificazione però non tiene conto dei casi di confine, infatti spesso prima di scambiarsi sguardi profondi avvengono contatti oculari che sono a metà tra superficiali e profondi. I modi di guardarsi si potrebbero più correttamente ordinare per intensità crescente, dall'occhiata al contatto oculare superficiale, passando per la fissazione oculare fino al contatto oculare profondo.

L'intensità del guardarsi dipende molto dal contesto, quindi da ciò che si sta facendo, dall'interlocutore, dal tipo di comunicazione e dai rapporti che si hanno con l'altro. In genere ci si guarda di più quando si conversa rispetto a quando si svolge un'attività insieme, ma anche quando si conversa accade che ci si guardi poco perché c'è qualcosa nell'ambiente che fa da centro esterno di interesse. Più si è, poi, e meno ci si guarda perché si distribuiscono gli sguardi fra i partecipanti in modo quasi equo a seconda della simpatia e dell'interesse. Tuttavia, vi sono anche altre variabili che entrano in gioco.

Guardare gli altri è socialmente vantaggioso e indispensabile in quanto gli uomini sono esseri sociali, serve a raccogliere informazioni sugli altri ma anche su se stessi; gli sguardi altrui infatti sono un importante veicolo dello specchio sociale, ovvero delle immagini di noi che gli altri ci rimandano e che noi utilizziamo per costruire il nostro sé. In genere siamo portati a pensare che chi ci guarda prova simpatia o interesse per noi. Guardare una persona vuol dire contribuire alla costruzione sociale del sé dell'altro, guardare è segno di volontà di collaborare, di instaurare un'amicizia e fare qualcosa insieme.

L'essere guardati ha anche un valore di ricompensa.

Lo hanno dimostrato diverse ricerche, le persone che tendono a scambiare più sguardi con gli altri sono giudicate più attive, socievoli, sicure di sé, sincere, mature e socialmente competenti.

Guardare gli altri però comporta sempre un certo rischio, infatti non ci si guarda mai il 100% del tempo. Guardare gli altri costa fatica mentale perché in poco tempo raccogliamo tantissime informazioni e abbiamo bisogno di elaborarle; la maggior parte dell'elaborazione avviene automaticamente, ma quei dati che toccano la nostra coscienza ci impegnano, e tutte le elaborazioni consapevoli o inconsapevoli ci provocano sempre emozioni. A riprova dell'impegno mentale richiesto in una conversazione, quando si è impegnati nella pianificazione del parlato si tende a non guardare l'altro per evitare il carico cognitivo che ne deriva.

I problemi maggiori derivano dal fatto che chi guarda in genere viene visto a sua volta. Guardare significa esporsi, perché gli altri potrebbero non gradire di essere guardati e reagire male. Quando percepiscono chi guarda come un osservatore esterno, provano disagio perché si sentono trattati come oggetti. In altri casi invece il disagio è legato proprio allo specchio sociale: l'essere guardati spinge a preoccuparsi dell'immagine di sé e questo può imbarazzare anche semplicemente perché non ci si sente apposto o non si è curata l'immagine di sé in quel momento. Si può essere infastiditi perché si crea un'intimità indesiderata o perché ci si sente minacciati, guardare gli altri infatti è tipico di chi sta assumendo la leadership o di chi è ostile o aggressivo verso qualcun altro.

Di solito quando si inizia un colloquio ci si guarda negli occhi, scambiandosi quello che è un contatto oculare di apertura. Il primo a distogliere lo sguardo è chi inizia a parlare, poi durante la conversazione riporta lo sguardo sull'interlocutore di tanto in tanto per sollecitare feedback e raccoglierli. Nelle interruzioni dell'eloquio cognitive, quando si smette di parlare per concentrarsi sulla pianificazione, lo sguardo è distolto dall'interlocutore e diretto verso l'alto. Alla fine del turno di parola si guarda l'interlocutore negli occhi, e anche la fine del colloquio è spesso segnata da uno sguardo finale, un contatto lungo che può arrivare anche a 8-9 secondi con gli amici.

Le donne tendono ad usare lo sguardo più degli uomini, specie in un contesto cooperativo e se hanno bisogno di instaurare legami sociali. In generale, comunque, sono gli estroversi e le persone che hanno maggiormente bisogno di affiliazione a ricorrere maggiormente allo sguardo.

La gestualità

Ci sono gesti, piccoli, anzi più piccoli sono meglio è
dopo i quali nulla è più come prima.
Gesti immediati, che non ti aspetti, senza i quali nulla
inizierebbe.
Gesti senza un perché ma che di perché ne creano molti.

Federico Moccia

I gesti sono i segnali che la persona produce con i movimenti del corpo, non solo delle mani ma anche del capo, delle braccia, del tronco. Stringere le spalle, gonfiarsi il petto, muovere la testa in un certo modo, sono tutti gesti e sono talmente importanti da tenere costantemente impegnata una parte del cervello nel loro controllo.

Per analizzarli e capire cosa comunicano al mondo esterno, si possono dividere i gesti in varie categorie, I gesti funzionali al discorso che hanno senso solo nel contesto di quella comunicazione verbale e concorrono a dargli un significato, e gesti semioticamente autonomi, capaci di veicolare messaggi indipendentemente dal linguaggio. In questa categoria rientrano i gesti regolatori e i gesti illustratori. I primi sono usati per controllare l'andamento della comunicazione verbale, assicurare la continuità del flusso della conversazione, indicare il passaggio del turno di parola; esempi sono il cenno del capo per far capire che ascoltiamo, che siamo interessati, che approviamo, o i movimenti delle mani per interrompere l'interlocutore o segnalare la volontà di prendere la parola. Scegliendo un gesto si riesce a regolare l'interazione a seconda del discorso e del contesto, ad esempio afferrando il braccio dell'interlocutore gli si segnala l'intenzione di prendere parola, ma a seconda anche della pressione con la quale si afferra il braccio e di altri segnali relativi alla prossemica può risultare un gesto cordiale, protettivo oppure autorevole, imperativo, minaccioso.

Il contributo dei gesti è fondamentale, e spesso a regolare l'interazione contribuiscono anche alcuni segnali verbali come "bene", "certo", e quelli non verbali, sia visivo-cinetici come gli sguardi o le espressioni del viso o anche i segnali uditivo-vocali come l'intonazione e il ritmo.

I gesti illustratori, o gesticolazioni, o gesti rappresentazionali, invece sono quelli che supportano i discorsi e si fanno ogni volta che si parla. L'utilizzo di questi gesti e la frequenza con cui si fanno si differenzia molto da cultura a cultura: ci sono culture in cui si gesticola molto e altre in cui avviene molto meno, ad esempio i popoli dell'Europa settentrionale gesticolano molto meno di quelli mediterranei. Le differenze culturali nei gesti sono dovute probabilmente ad una differente educazione: nell'Inghilterra vittoriana fare gesti era considerato sconveniente per le persone di classe alta e ai bambini si insegnava che i gesti erano volgari. Ancora oggi i gesti illustratori sono oggetto di pregiudizi spesso erronei, come quello di pensare che chi si aiuta con la gestualità non sa usare il linguaggio.

E' vero invece il contrario, chi non sa parlare correttamente spesso gesticola anche meno.

I gesti illustratori non solo ribadiscono ciò che si dice, ma trasmettono molte informazioni non contenute nei discorsi, e addirittura possono contraddirli; questo avviene perché non sono facilmente controllabili, quindi costituiscono una finestra aperta sull'attività cognitiva del parlante.

I gesti illustratori sono parte integrante del lavoro di pianificazione del parlato e, allo stesso tempo, manifestazione più evidente di queste operazioni. I discorsi sono riduttivi rispetto a tutto ciò che si vuole esprimere, molte informazioni vanno perse; i gesti fanno recuperare qualcosa dell'informazione perduta.

Questo tipo specifico di gesti, i gesti illustratori, si possono a loro volta distinguere a seconda di quando intervengono. I gesti illustratori proposizionali quindi sono ancora dentro il pensiero, quelli non-proposizionali invece sono proiettati verso la comunicazione.

Sono stati individuati tre tipi di gesti proposizionali: gli iconici, che rappresentano con raffigurazioni spaziali e movimenti i contenuti del discorso, e fanno si che arrivino informazioni su dettagli altrimenti destinati ad andare persi; i gesti metaforici, che rappresentano concetti astratti, come il pugno stretto che indica "potenza", "coraggio", "impegno", e possono essere usati anche per rappresentare la struttura concettuale di ciò che si pensa, come ad esempio indicare due oggetti in modo da evidenziare una relazione tra di essi; i gesti deittici, che indicano qualcosa o qualcuno, si fanno di solito con il dito indice o con l'intera mano, e oltre a dare indicazioni spaziali servono a precisare aspetti di ciò che il parlante vuole esprimere, ad esempio puntare un dito sull'interlocutore per indicare una sua responsabilità o accusarlo di qualcosa.

Tra i gesti non proposizionali invece troviamo i *beats*, piccoli colpi su e giù, avanti o indietro, con una o entrambe le mani, che servono a enfatizzare parti del discorso oppure a conferire ritmo al discorso. Anche i gesti coesivi sono non proposizionali, e contribuiscono a far percepire il discorso come dotato di coesione e coerenza; in genere si ripetono più volte con la stessa forma e nello stesso spazio, come le dita chiuse a pinza, o che fanno un vortice.

I gesti informano su come chi parla elabora i contenuti e come li comunica. Altri gesti poi svelano altri aspetti della pianificazione del parlato. Chi parla, infatti, ha un rapporto empatico con i propri discorsi, alcune cose lo appassionano, altre lo fanno commuovere, e altre ancora non gli piacciono; molti gesti illustratori ci informano sull'atteggiamento che chi parla ha nei confronti di ciò che sta dicendo.

Sono tre quindi gli ambiti in cui il parlante opera: i contenuti ideativi, il messaggio usato per comunicarli, e le relazioni che si vengono a instaurare tra sé e i contenuti e tra sé e l'interlocutore. Molti gesti illustratori riguardano questo terzo ambito.

I gesti autonomi sono gesti che hanno senso indipendentemente dal discorso che si fa e infatti si potrebbero tradurre in parole anche se non sempre c'è una parola adatta. E' difficile tradurre a parole un saluto oppure una benedizione, ma hanno senso anche senza tradurli.

I gesti autonomi spesso accompagnano il parlato, ma possono anche essere usati al posto delle parole quando si vuole essere sbrigativi o quando non si vuole fare ascoltare la conversazione a tutti i presenti. Questo tipo di gesti viene usato anche per dare enfasi al discorso; i gesti hanno una carica emotiva che manca alle parole, quindi sono più immediati e incisivi. Inoltre, l'utilizzo di gesti attira maggiormente l'attenzione dell'interlocutore.

Spesso capita anche di non riuscire a comunicare a causa della distanza o di rumori, e in alcune attività professionali la comunicazione verbale è addirittura proibita e si deve comunicare attraverso gesti tecnici: avviene per i sommozzatori, i bookmaker, il personale degli studi televisivi, agli agenti di borsa. Le migliaia di tribù a cui appartenevano gli indiani d'America parlavano centinaia di lingue diverse, così avevano elaborato un linguaggio di gesti per comunicare fra tribù diverse.

Un gesto può sostituire un'intera frase; i gesti olofrastici come quello che si fa per chiamare qualcuno a sé, ad esempio, equivalgono ad una frase semplice. La maggior parte dei gesti però indica un solo concetto, esprimibile con un nome, un aggettivo. E' il contesto a trasformare l'espressione di quel concetto in un enunciato, ad esempio se faccio il gesto del "matto", a seconda del contesto potrei voler esprimere "sei matto" oppure "è un'idea folle". D'altra parte anche il linguaggio risparmia parole sfruttando il contesto che rende più facile far capire cosa si vuole intendere.

I gesti autonomi possono essere classificati a seconda di come viene prodotto il significato. I gesti mimici hanno un carattere teatrale poiché imitano il referente riflettendo la tendenza umana a imitare col corpo azioni, persone, eventi. Con un gesto mimico però non si riesce a imitare per intero ciò che si intende rappresentare, quindi bisogna scegliere una caratteristica distintiva e rilevante adottando la strategia più adatta. Ad esempio, si può disegnare la forma di un oggetto nell'aria, o tracciare una silhouette femminile per dare l'idea di donna, oppure rappresentare la tipica azione che un particolare oggetto compie o che si fa utilizzandolo o ancora gli effetti che produce la sua presenza. Per rappresentare oggetti astratti in genere ci rifacciamo alla tradizione, ad esempio per indicare una persona che mente si disegna il naso lungo di Pinocchio. Le azioni si rappresentano ripetendone alcune parti oppure in assenza degli oggetti con cui si compiono, ne è esempio il gesto di fumare che si fa senza sigaretta in mano, oppure il bere o lo sparare.

Gesti mimici possono essere inventati sul momento, ma molti sono ormai standardizzati perché usati ripetutamente all'interno di una stessa cultura, quindi hanno un certo grado di convenzionalità.

A differenza dei gesti mimici, esistono i cosiddetti emblemi che sono gesti convenzionali e funzionano perché il loro significato è condiviso in una cultura o sub-cultura. Ne sono esempi il segno della vittoria fatto con indice e medio, il segno OK, i cenni del capo per dire sì o no. Gli emblemi derivano sicuramente dai gesti mimici, infatti inizialmente evocavano il significato mimando qualcosa, ma con il tempo il senso mimico originale si è perso e questo gesto ha continuato ad essere associato a quel significato senza che sia chiaro il perché. Incrociare indice e medio è la versione privata del segno della croce che si faceva tenendo nascosta la mano, ma si è perso il senso religioso e si usa principalmente come gesto scaramantico.

Per risalire all'origine di un gesto bisogna scavare nella storia culturale raccogliendo prove di ogni genere e impegnandosi in una complicata opera di interpretazione. Non sempre però risulta possibile, a volte le origini di un gesto restano misteriose, come il gesto delle corna.

Anche le emozioni vengono comunicate attraverso i gesti, come portare una mano alla radice del naso o toccarsi i capelli, o coprirsi gli occhi. Il viso esprime meglio le emozioni, ma le espressioni sono in parte gestibili, i gesti invece sono rivelatori perché non siamo in grado di controllarli quindi informano sul grado di attivazione emotiva dell' interlocutore. Sono emotivi anche i gesti adattatori che, invece che esprimere emozioni, servono a controllarle. In genere questo tipo di gesti si distingue in *self-adaptors*, cioè che si fanno su di se, come mangiarsi le unghie, grattarsi la testa, stringere un oggetto, *alter-adaptors*, ovvero che si fanno su qualcun altro (battere la spalla dell'interlocutore, o stringergli un braccio), e *object-adaptors*, come tamburellare con le dita su un tavolo, giocare con la penna o con una catenina.

Le classificazioni dei gesti non vanno prese alla lettera, spesso i confini fra un tipo e l'altro sono sfumati e si passa da un gesto mimico ad un emblema. Lo stesso gesto può essere collocato una volta in una categoria e un'altra volta in un'altra a seconda del contesto e del modo in cui viene eseguito. Un gesto deittico può essere illustratore ma può anche funzionare autonomamente. Prendere il braccio dell'interlocutore può essere un gesto regolatore o un gesto illustratore relazionale.

Di solito i gesti sono ambigui, per decodificarli abbiamo bisogno di informazioni tratte dai discorsi, dal contesto e dai segnali non verbali. E' l'insieme a definire il senso, perché lo stesso gesto potrebbe avere significati diversi. E' il caso, ad esempio, dei gesti emotivi come le corna che indicano il tradimento ma anche lo scongiuro, come il dito che ammonisce che può essere severo o ironico. Inoltre il gesto di ammonire somiglia molto a quello di richiamare l'attenzione su qualcosa.

Sono pochi i gesti che si possono considerare universali; ci sono i gesti deittici, come puntare con l'indice per indicare o ammonire, minacciare, accusare, che si ritrovano già nei lattanti e nei bambini quindi sembrano giocare un ruolo nello sviluppo delle loro attività cognitive e comunicative. Anche nei gesti illustratori, che possono variare addirittura da individuo a individuo, si ritrovano alcuni fondamenti comuni.

Gli emblemi invece sono plasmati da cultura a cultura, infatti in Europa ne sono stati riscontrati pochissimi in comune.

Il segno nordamericano dell'OK sembra essere condiviso globalmente, tuttavia altri popoli lo usano in un altro senso: per i francesi significa *nullità*, per i giapponesi *denaro*, per i maltesi *omosessuale uomo*, per i greci, i sardi e i latino-americani è un insulto. Il significato si è distaccato da quello originale di presa di precisione, il cerchio formato con le dita per questi altri popoli sta per una moneta, per lo zero o persino per un orifizio anale.

La mano messa a borsa, ovvero muovendo la mano dinanzi a se con le dita riunite, in generale sta a sottolineare ciò che si dice, ma in Italia invece assume il significato di *che cosa dici?* oppure di *che cosa vuoi?*, detto con perplessità o disprezzo. Al contrario, a Malta è usato in modo sarcastico; in Grecia e Turchia significa *bene*, in Francia *ho paura*, in Tunisia *piano piano*, in Spagna *un mucchio di* e in alcuni paesi arabi è un gesto di entusiasmo. Vi sono differenze di esecuzione, ma è facile confonderli.

Persino il *si* e il *no* non sono universali come si potrebbe pensare. L'uso di dire *sì* annuendo con movimenti verticali del capo, e di dire *no* scuotendo il capo sono molto diffusi, ma alcuni popoli usano invece gesti diversi. I bulgari dicono *si* dondolando la testa, piegandola a destra e poi a sinistra, un gesto che a noi farebbe pensare più a un no. I Maori della Nuova Zelanda, i Tagali delle Filippine, i Dayaki del Borneo tirano la testa all'indietro per dire *si*, gesto che potrebbe derivare dal movimento del corpo che accompagna un'improvvisa intuizione. Il *no* etiope consiste nel girare bruscamente la testa da un lato per tornare poi alla posizione di partenza, componente del movimento di scuotimento che usiamo noi per dire *no*. Entrambi i movimenti si fanno risalire all'azione infantile di rifiutare il cibo che non piace.

Nel dire *no* invece i greci mandano la testa bruscamente all'indietro e poi la fanno tornare alla posizione di partenza, gesto che può essere rafforzato stringendo le labbra o facendole schioccare, inarcando le sopracciglia o passando le dita sotto il mento, come se si volesse allontanare qualcosa dalla faccia. A volte viene interpretato come il contrario del gesto utilizzato per dire *si*, ma gli altri gesti che lo accompagnano sono difficili da spiegare, forse riguarda sempre l'infantile rifiuto del cibo. Questo gesto di tirare la testa all'indietro per dire *no* è molto diffuso nei paesi del Mediterraneo, a Cipro, in Turchia, in Iugoslavia, a Malta e anche nell'Italia meridionale, essendo un retaggio della colonizzazione greca. In Italia però, essendo radicato maggiormente l'altro gesto per dire no, lo scuotimento della testa da una parte all'altra, il *no* greco è riservato alle negazioni con una carica emotiva intensa e quando l'implicazione relazionale è significativa.

L'espressione

Non è il viso che colpisce, ma le espressioni.
Non è il corpo che ci piace, ma il modo in cui si muove.
Non è spesso l'aspetto fisico che ci attrae, ma sono i modi di fare
di una persona.
Marilyn Monroe

Il viso ha una grande importanza nei rapporti sociali, contraendo i muscoli della faccia produciamo espressioni diverse che inviano molti segnali all'esterno. Il fatto che riconosciamo le persone soprattutto dal viso è dovuto al fatto che, durante l'evoluzione, gli esseri umani hanno sviluppato meccanismi e strutture cerebrali per riconoscere i volti.

La mimica umana è resa possibile da una ricca muscolatura facciale che consente di eseguire una molteplicità di movimenti controllandoli completamente. Tra gli studiosi di anatomia vi sono divergenze nella classificazione dei muscoli della faccia ma certamente vi sono almeno una ventina di muscoli diversi che creano molte configurazioni.

Il primo a studiare i movimenti mimici della faccia fu il fisiologo francese Duchenne, che per ricostruire le basi motorie delle espressioni provocava le contrazioni di specifici muscoli della faccia con stimolazioni elettriche non dolorose e poi fotografava le espressioni.

Il suo metodo però non teneva in considerazione il controllo nervoso esercitato dal soggetto. Un secolo dopo studi dettagliati sul controllo motorio dimostrarono, addestrando i soggetti a produrre volontariamente ogni singolo movimento mimico, che i movimenti mimici sono il risultato della partecipazione di due muscoli o possono essere prodotti da muscoli diversi.

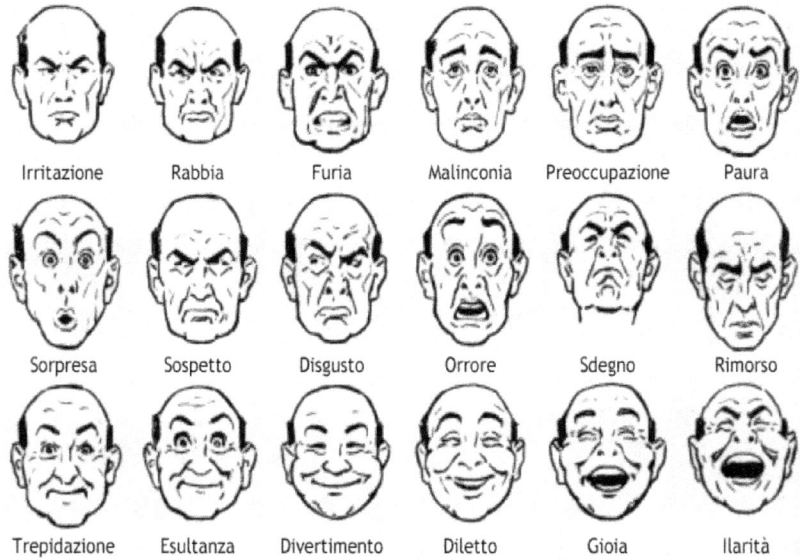

Le espressioni del viso sono l'effetto di combinazioni dei movimenti mimici fondamentali.

Le corrispondenze tra muscoli contratti e segnali espressivi non sono rigide, il segnale dipende anche da come avviene il movimento: se è lento o rapido, se è più o meno esteso, se ripetuto, se ritmico. Il segnale inoltre è legato anche agli altri segnali non verbali concomitanti, come i movimenti e la mimica oculare.

Alcuni segnali espressivi del viso somigliano ad enunciati di senso compiuto tanto da poterli classificare come atti comunicativi.

Una delle più rilevanti espressioni è il sorriso e il riso che possono sembrare apparentemente simili ma nei fatti non sono completamente intercambiabili: si può fare una risatina quando c'è da ridere ma non si può ridere quando si vuole sorridere per salutare.

Si è supposto che riso e sorriso siano gradi diversi dello stesso comportamento, il secondo di minore intensità del primo. Secondo Darwin nell'evoluzione dall'espressione primordiale del riso si è differenziato il sorriso come forma più moderata. Esaminando i comportamenti espressivi del sorriso e del riso si possono individuare fasi successive caratterizzate da sempre maggiore dispendio di energia e perdita di controllo, dal leggero sorriso alle risate in cui non ci si controlla più. Tra questi due comportamenti ci sono differenze significative. Il sorriso di solito non sfocia nel riso e il riso inizia senza essere preceduto dai movimenti mimici del sorriso: a bocca chiusa si emette aria dal naso, poi hanno inizio le vocalizzazioni a bocca aperta e i movimenti che le accompagnano. Diversamente dal riso, il sorriso è un segnale assolutamente pacifico e infatti è visto amichevolmente in ogni cultura. Il sorriso serve a confermare il rapporto amichevole esistente o indica che si è disponibili a instaurarlo, e non va mai confuso con i segnali di sottomissione come abbassare la testa, inchinarsi, i quali cercano di eliminare l'aggressività stabilendo una gerarchia. Il sorriso al contrario mira a eliminare l'aggressività mantenendo il rapporto paritetico.il sorriso quindi è antiaggressivo e antigerarchico, un segnale completamente pacifico: quando sorridiamo sono lontani sia i conflitti e l'aggressività che le gerarchie che ne derivano.

Non tutti i sorrisi si direbbero essere amichevoli, ci sono anche quelli di convenienza e il sorriso falso, fatto per mascherare qualcosa. Di solito si riconoscono per sfumature, sono stereotipati, procedono a scatti, gli angoli della bocca non sono sollevati e a volte sono asimmetrici, questo è dovuto al fatto che la mimica controllata dall'emisfero destro non collima perfettamente con quella controllata dal sinistro. In questi casi, anche se l'intenzione di chi sorride non è amichevole, il sorriso resta un segnale cordiale, ad essere diverso è il fine.

Anche quando si è imbarazzati o si ha paura si sorride; Da alcuni studi che hanno testato i sorrisi di reazione alla vista del filmato di un incidente sul lavoro. I sorrisi di imbarazzo o di paura assomigliano molto a quelli forzati o falsi, e servono a nascondere a se e agli altri i sentimenti provati e ad autoassicurarsi. Anche quando è falso il sorriso può funzionare proprio perché è visto come un segnale amichevole: sorridendo mostriamo a noi e agli altri che nonostante quello che è avvenuto la nostra vita sociale non viene turbata, che non rispondiamo aggredendo, quindi va tutto bene.

Quando sorridiamo invece che ridere davanti a qualcosa di comico è come se la preoccupazione dell'armonia sociale prevalesse sulla soddisfazione di ridere, in tal modo mostriamo un atteggiamento amichevole sia verso chi ride sia verso l'oggetto del riso.

Diversamente dal sorriso, il riso ha una componente antiamichevole e gerarchica; nella risata di scherno o di trionfo questo è evidente, mentre è più velato nella risata bonaria.

Tra quelli che ridono assieme si sviluppa un senso del "noi" in quanto uniti contro una persona di cui si sta ridendo. Chi è oggetto del riso allora può scegliere se negare di avere qualcosa di risibile ed entrare in conflitto con gli altri che ridono, oppure allinearsi e ridere di se stesso; nel primo caso difende il proprio se ma rischia di trovarsi socialmente escluso, nel secondo entra a far parte dei ridenti ma per farlo deve sottomettersi e umiliarsi. Più il riso è bonario, più consente di passare dalla parte di chi ride, se invece è aggressivo tende a spingere all'esclusione. E' evidente quindi la componente aggressiva e gerarchica del riso.

Il riso è un segnale ambiguo che, da un lato minaccia, dall'altro crea coesione. Chi è oggetto del riso di altri, se si sottomette e ride di sé, può aspirare ad un rapporto paritetico, per questo il riso si differenzia dall'ironia che invece chiude questa possibilità perché stigmatizza in nome del buon senso, della moralità. Il sorriso invece demistifica la serietà e fa vedere i limiti umani, essendo al tempo stesso segnale di minaccia e di reintegrazione sociale.

Spesso non si ride in compagnia, lo si fa da soli o davanti a qualcosa o qualcuno, ma se rido in faccia ad una persona è come se pensassi che qualcuno riderebbe con me se fosse presente, quindi torna ad essere un tentativo di isolare.

Possiamo sorridere anche con i nostri occhi, il saluto oculare è un sorriso accompagnato da segnali degli occhi e del capo che ne precisano il senso. In tutte le culture è usato per salutare ma può essere anche un feedback di consenso, e a volte si usa anche per ringraziare o flirtare.

Il saluto oculare avviene con una tipica sequenza di azioni: si entra in contatto oculare con l'altra persona a volte in senso indagatore, poi il capo viene spinto leggermente all'indietro, si sorride e si da un colpo di sopracciglia rapidissimo; la sequenza poi a volte si chiude con un abbassamento del capo come per annuire e fornire un feedback.

I segnali di apertura e chiusura resi dal nostro volto sono evidenziati quando tiriamo il capo appena all'indietro con occhi e bocca spalancati, il viso da l'impressione di apertura agli stimoli esterni; se invece occhi e bocca sono chiusi o semichiusi al contrario il nostro viso rende un' impressione di chiusura. Tutte e due le espressioni possono essere accompagnate da emissioni vocali, di solito un rumore inspiratorio nell'apertura e un mugugno nella chiusura. L'apertura del viso esprime interesse, la chiusura indica rifiuto delle persone o dei contenuti dei discorsi o dei fatti a cui si assiste.

Il mostrare la lingua per esempio è un'altra espressione che può dimostrare ostilità o amicizia, a seconda di come avviene. Se è ostile, la lingua viene spinta lentamente in avanti o piegata in basso e mantenuta protrusa per un lasso di tempo; se l'atto è amichevole invece la lingua tocca il labbro o viene spinta rapidamente dentro o fuori.

La protrusione della lingua come atto ostile sembra essere universalmente diffuso, e probabilmente deriva dall'atto di sputare un cibo disgustoso o che non piace. E' un segnale che può essere usato per minacciare, sfidare, insultare, oppure per scherzare, attaccando o difendendosi da un attacco scherzoso. A far capire se l'aggressione è scherzosa o no sono altri aspetti come l'espressione del viso, la distanza interpersonale, la postura, gesti, quel che si dice e il contesto.

Le persone a volte tirano fuori la lingua anche quando sono concentrate, come per tenere lontane distrazioni. E' un comportamento inconsapevole, ma a quanto pare è efficace: è emerso infatti che chi tira fuori la lingua mentre svolge un compito ha meno probabilità di essere interrotto rispetto a chi semplicemente chiede di non essere disturbato.

Tirare fuori la lingua in modo amichevole è un atto inconsapevole, che probabilmente deriva dal leccare. E' un segnale usato nei flirt, ma anche dai bambini come richiesta di cure, attenzioni, affetto. A volte indica solo che si sta vivendo un'esperienza piacevole, che la si desidera o la si ricorda.

Dai primi del Novecento sono state condotte molte ricerche per stabilire se ci fosse un collegamento tra espressioni del viso e emozioni. E' emerso che le emozioni fondamentali corrispondono con le configurazioni espressive tipiche, ma emozioni deboli o miste sono più difficili riconoscere. Tutto il viso concorre a esprimere l'emozione, ma in ogni emozione ci sono aree più cariche di informazioni.

Le espressioni simulate tendono ad essere stereotipate, ma a volte sono difficili da riconoscere perché mal simulate; inoltre, quando si provocano sperimentalmente le emozioni derivanti spesso sono miste perché la situazione genera imbarazzo e l'essere osservati porta a controllare le emozioni quindi l'espressione.

Nella vita reale noi teniamo conto anche degli altri segnali non verbali e del contesto per decodificare l'emozione espressa nel viso dell'altro, inoltre spesso per esprimere una stessa emozione si fanno facce diverse a seconda del contesto, cioè degli obiettivi, di chi ci osserva e di dove siamo. Dato che attraverso il viso gli altri possono capire che intenzioni abbiamo, noi cerchiamo continuamente di regolare le nostre espressioni facciali, raramente non teniamo conto del contesto, quindi più spesso avviene che l'espressione risulti mista.

In un'ottica ecologica, l'approccio di queste ricerche risulterebbe completamente errato perché le espressioni del viso non sono il prodotto solo delle emozioni, ma di un complesso di fattori tra i quali ci sono le emozioni.

Il sorriso, il saluto oculare, l'apertura e la chiusura del viso, la protrusione della lingua segnalano atteggiamenti amichevoli o ostili; quando un'emozione ha a che fare con qualcuno, quando la esprimiamo emerge anche il nostro atteggiamento verso quella persona.

Le espressioni del viso tra tutti i segnali non verbali sono le più utilizzate e tendono a essere molto simili nelle diverse culture. Il sorriso, il riso, il saluto oculare e altre espressioni sono universali. Nelle espressioni delle emozioni ad esempio vi è sempre una base comune, una somiglianza in come vengono espresse e lette nelle varie culture.

Le espressioni variano anche da persona a persona, e rimangono stabili nel tempo, correlate ad altri tratti della personalità come estroversione, impulsività, dominanza.

In genere le persone espressive vengono maggiormente apprezzate perché attirando l'attenzione vengono percepite in modo positivo, giudicate attraenti.

Anche nel self-control espressivo vi sono notevoli differenze tra persona e persona, e sembra giocare un ruolo anche il genere. Ognuno di noi cerca di controllare i segnali non verbali che emette perché tiene all'autopresentazione e si preoccupa dell'impressione degli altri, ma a seconda della situazione ci si può dimenticare di controllare l'espressione o controllarla semi automaticamente oppure controllarla dedicandogli molte energie mentali. Ci sono persone che hanno più self-control espressivo di altre, e comunque sembra aumentare con l'età.

Le nostre reazioni espressive derivano dalle nostre emozioni e spesso sono accompagnate dall'emissione spontanea di segnali non verbali che le rendono evidenti all'esterno. Non sempre quando si provano emozioni le si fa trasparire ma, quando avviene, le reazioni espressive sono involontarie: si può cercare di controllarle, inibirle, ma l'innesco avviene spontaneamente. L'espressione delle emozioni avviene soprattutto con la mimica facciale e lo sguardo, sebbene contino anche altri segnali non verbali, come i gesti, la voce, la postura, ed espressioni linguistiche. Le manifestazioni delle emozioni possono durare un istante o anche ore, ripetendo il segnale o compiendo una sequenza di segnali diversi come fermarsi di colpo, rannicchiarsi.

L'espressione di un'emozione può avere anche una funzione adattiva, in certi casi è vantaggioso far sapere agli altri cosa proviamo: per suscitare compassione mettiamo in atto segnali di tristezza come il pianto, segnali di rabbia possono essere usati per intimidire l'altro. Esprimere le emozioni però risponde anche all'evoluzione, il rannicchiarsi per la tristezza sembra simile al proteggersi da un attacco. Questo non vuol dire però che le reazioni espressive siano innate.

Le tendenze emotive, come la voglia di scappare o al contrario di affrontare una situazione, invece costituiscono una forza interiore che ci spinge ad agire. Non è detto che poi si traducano in comportamenti, possono anche rimanere a livello mentale.

Queste tendenze interrompono l'attività che è in corso, le emozioni infatti distraggono, rendono ciechi agli eventi, incapaci di giudicare obiettivamente. Una persona terrorizzata potrebbe continuare a colpire il suo aggressore anche quando ormai è diventato innocuo.

Quando si prova un emozione si possono avere anche comportamenti calcolati per riportare l'equilibrio emotivo, come il controllare la rabbia per riportare la situazione alla calma oppure non commentare qualcosa che ci offende o che non ci piace.

Esercizio - rifletto sulle espressioni

Analizzando il vissuto delle tue giornate, ti chiedo di riportare qui sotto le espressioni che di solito utilizzi maggiormente:(es: sorrido spesso, o non sorrido quasi mai, o sono sempre ironico o sono triste)

_____

_____

_____

_____

_____

_____

_____

_____

_____

_____

_____

Alla luce delle considerazioni fatte sulle espressioni, qual è la tua area di miglioramento?

_____

_____

_____

_____

_____

CAPITOLO SETTIMO

Le aspettative

"Non sarai mai più felice di quanto ti aspetti. Per cambiare la tua felicità, cambia le tue aspettative."
Bette Davis

Le aspettative hanno una influenza potentissima sul nostro corpo, la nostra mente e le nostre relazioni. Sono in grado di modificare lo stato chimico-fisico dei neuroni e la nostra percezione della realtà. Le aspettative hanno il potere di cambiare la nostra percezione e quella degli altri con la conseguenza di influire sulle relazioni. E' interessante conoscere "L'effetto Pigmalione" , nome attribuito dal ricercatore americano Robert Rosenthal ad un esperimento fatto in una scuola californiana, sottoponendo un gruppo di alunni di una classe elementare ad un test di intelligenza, successivamente selezionò, in modo casuale e senza rispettare l'esito e la graduatoria del test, un numero ristretto di bambini, e agli insegnanti venne fatto credere di avere in classe alcuni ragazzi particolarmente dotati e intelligenti. La cosa sorprendente è che Rosenthal, dopo un anno, ripassò nella scuola, e verificò che gli alunni selezionati, seppur scelti casualmente, avevano confermato in pieno le sue previsioni migliorando notevolmente il proprio rendimento scolastico fino a divenire i migliori della classe. Come fu possibile, dato che i risultati dei test di intelligenza erano volutamente falsi e distribuiti del tutto a caso?

Questo effetto, in questo caso benefico, si avverò grazie all'influenza positiva degli insegnanti che avendo cambiato la percezione, la comunicazione, la relazione con quei ragazzi, riuscirono ad influenzare e a cambiare anche l'idea stessa che i ragazzi avevano di se stessi e quindi anche i risultati scolastici stimolando, negli alunni una viva passione e un forte interesse per gli studi.

I ragazzi non erano intelligenti, ma lo erano diventati. L'aspettativa aveva prodotto una profezia che, per il solo fatto di essere stata formulata, si era autoavverata.

"L'effetto Pigmalione" può manifestarsi non solamente nell'ambito scolastico, ma anche in altri contesti, come in quello lavorativo nel rapporto fra capi e dipendenti oppure in quello familiare nelle relazioni fra genitori e figli e in tutti quei contesti dove si sviluppino rapporti sociali.

Quindi le aspettative possono condizionare la qualità delle relazioni interpersonali e il rendimento dei soggetti.

Le aspettative ci rendono ciechi, e proprio con le persone a cui teniamo di più, poiché da esse ci aspettiamo il massimo. Spesso è proprio su di loro che proiettiamo le nostre ansie e i nostri timori, lanciando involontariamente messaggi negativi.

Come fare allora? In primo luogo occorre esaminare se dietro un'aspettativa esiste un copione ricorrente o una credenza forte che va resa più flessibile.

In secondo luogo occorre trasformare le aspettative in progetti fattibili, stabilendo degli obiettivi e degli indicatori per raggiungerli.

Così facendo, non solo creiamo in noi stessi delle aspettative positive e costruttive (delle 'sane' profezie), ma gettiamo anche le basi per realizzare concretamente ciò che desideriamo, per noi, per i nostri figli e i nostri cari.

Esercizio – trasformazione benefica

Scrivi quali erano le tue aspettative, prendi una o più aree specifiche della tua vita:

_____

_____

_____

_____

_____

_____

_____

_____

_____

Converti le aspettative appena scritte in progetti specifici ed indica per ognuno di essi i mezzi che impiegherai per realizzarli ed i tempi occorrenti:

_____

_____

_____

_____

_____

_____

_____

_____

_____

_____

_____

_____

_____

_____

_____

CAPITOLO OTTAVO

Il cambiamento

"Un albero il cui tronco si può a malapena abbracciare nasce da un minuscolo germoglio.
Una torre alta nove piani incomincia con un mucchietto di terra.
Un lungo viaggio di mille miglia si comincia col muovere un piede."
Lao Tse

La parola cambiamento alcune volte ci sollecita o ci incuriosisce, altre volte ci preoccupa o ci destabilizza, noi cambiamo velocemente e tutto cambia anche intorno a noi, in alcuni casi ci troviamo nel cambiamento senza volerlo o altre volte avviene così in fretta che il nostro adattamento è obbligato, in altri casi siamo noi ad avere l'esigenza di voler cambiare e allora è tutto più lento.

Ogni cambiamento costituisce una piccola perdita, ci troviamo a dover lasciare qualcosa, che fino a quel momento ha spesso rappresentato un riferimento per guardare verso un futuro e che nel momento del cambiamento, ci propone una situazione incerta e a volte minacciosa, soprattutto se si tratta di un cambiamento inaspettato che ci intimorisce e aleggia una sensazione negativa.

Il cambiamento deve essere invece considerato la base della nostra evoluzione, è un processo naturale, che rappresenta la nostra crescita: senza cambiamento non esiste crescita, né fisica, né emotiva, né spirituale.

Una vita senza cambiamento sarebbe insignificante e senza stimoli.

A volte i cambiamenti alimentano sentimenti di impotenza e di disperazione, lacrime, ma paradossalmente, è proprio nel cambiamento che costruiamo il nostro potere e la nostra felicità. E' importante essere consapevoli che è solo la nostra interpretazione e il giudizio negativo che attribuisce al cambiamento un alone negativo, il dolore che deriva dal cambiamento è spesso il risultato della nostra interpretazione.

Quando cambia qualcosa, velocemente etichettiamo subito la nuova situazione come buona o cattiva, ma alcune volte non possiamo essere in grado di valutare con la stessa velocità del cambiamento le sue conseguenze, con il risultato che l'etichetta data influisce sul nostro stato d'animo e sulla nostra personalità.

Il cambiamento può rappresentare per alcuni una perdita del controllo e l'uscire dalla zona di *confort* a cui siamo abituati e nella quale ci sentiamo protetti e al sicuro e dove preferiremmo che le situazioni rimanessero fisse e immutabili, esempi frequenti di ciò che secondo lo *standard* deve rimanere fisso e immutabile il matrimonio, la nostra relazione, la nostra situazione lavorativa, la situazione economica, se questi elementi cambiano spesso viviamo la sensazione di essere in una catastrofe.

La sicurezza è spesso tradotta in un non-cambiamento. L'unica costante sulla quale possiamo fare davvero affidamento e che possiamo dominare completamente è la fiducia. La fiducia nella vita e visione positiva in ogni cambiamento.

Nel cambiamento è fondamentale rimanere collegati con la nostra energia del cuore. Purtroppo quello che spesso accade è che la paura prende il sopravvento ed è solo la mente con la sua volontà di controllo a prendere la guida della nostra vita, estromettendo il cuore.

Questa reazione porta con sé grande sofferenza. Quando rifiutiamo un cambiamento è come se stessimo nuotando controcorrente, e mancandoci la giusta energia per affrontare la corrente ci sentiamo esausti.

La nostra attenzione rimane ancorata nel passato, e non siamo in grado di vedere che cosa la vita ci sta proponendo, e in molti casi rischiamo di perdere grandi opportunità.

Credi che riuscirai. Credici fermamente,
e farai naturalmente ciò che è necessario per riuscire.
Dale Carnegie

Esercizio – Ruota del cambiamento

Per avere una visione d'insieme della tua vita, e delle tue attività, con la quale potrai renderti conto di cosa puoi lasciare così come è, di cosa puoi invece migliorare o addirittura cambiare, ti invito a compilare e poi ad esaminare lo schema riportato di seguito. Nello spazio numerato scrivi otto aree della tua vita che ritieni fondamentali, es. salute, famiglia, lavoro, amore, amicizie, finanze, crescita personale, spiritualità, poi dividi il cerchio in spicchi ognuno corrispondente ad un'area della tua vita.

Ricordati che lo spazio che riserverai ad ogni area nel cerchio rappresenterà il tempo che stai dedicando ora nella tua vita a quell'area.

Oggi

1. _____
2. _____
3. _____
4. _____
5. _____
6. _____
7. _____
8. _____

Domani

1. _____
2. _____
3. _____
4. _____
5. _____
6. _____
7. _____
8. _____

Ora che hai completato entrambi i cerchi valuta quali sono le tue aree di miglioramento e quelle nelle quali vuoi mettere in atto un cambiamento.
Scrivi di seguito cosa vuoi cambiare:

_____

_____

_____

_____

_____

Chi è coinvolto nel tuo cambiamento:

_____

_____

_____

_____

Quali azioni metterai in atto per rendere efficace il cambiamento:

_____

_____

_____

_____

_____

_____

Quanto tempo dedicherai a questa attività:

_____

_____

_____

_____

_____

Come saprai di aver raggiunto il cambiamento:

_____

_____

_____

_____

Come ti sentirai dopo averlo conquistato:

_____

_____

_____

_____

CAPITOLO NONO

Il mio successo

Ridere spesso e di gusto; ottenere il rispetto di persone intelligenti e l'affetto dei bambini; prestare orecchio alle lodi di critici sinceri e supportare
i tradimenti di falsi amici; apprezzare la bellezza;
scorgere negli altri gli aspetti positivi; lasciare il mondo un pochino migliore, si tratti di un bambino guarito, di un'aiuola o del riscatto da una condizione sociale; sapere che anche una sola esistenza è stata più lieta
per il fatto che tu esisti.
Ecco questo è avere successo.
Ralph Waldo Emerson

Il più grande segreto del successo è che non vi sono segreti.

Alcune persone più di altre manifestano una particolare motivazione al successo, la tendenza a eccellere in qualsiasi cosa. Alla base della motivazione al successo c'è sia il bisogno di ottenere il risultato che la necessità di evitare il fallimento. Questa tendenza implica che sia dominata la paura dell'insuccesso facendo prevalere il bisogno positivo di ottenere un successo. Il grado di motivazione delle persone è fortemente indicativo del successo che poi effettivamente otterranno, come la famosa profezia che si auto-avvera.

I bambini che manifestano un'alta tendenza al successo infatti hanno maggiori probabilità di andare bene a scuola, e tendenzialmente questo li porta ad avere maggior successo anche in seguito nella futura vita professionale. Si è notato inoltre che possedere un'alta motivazione al successo spinge ad impegnarsi in compiti di media difficoltà, mentre le persone scarsamente motivate tendono a scegliere compiti facili per avere la certezza di riuscire oppure molto difficili così da avere la scusante per l'insuccesso. Le persone motivate al successo, anche quando incontrano avversità, riescono a rimanere concentrati sull'obiettivo che si sono posti autoconvincendosi di essere all'altezza e cercando una soluzione al problema.

La motivazione al successo non è innata, dipende dall'ambiente in cui l'individuo vive, è una componente fondamentale del capitalismo, lo aveva già capito Max Weber economista e sociologo, quando parlava di tendenza al profitto come di qualcosa in cui conta la riuscita in sé e non i benefici che ne derivano. Le differenze di genere incidono sulla motivazione al successo perché, culturalmente, nella socializzazione sono gli uomini ad essere sempre stati maggiormente spinti all'indipendenza, tuttavia nel mondo occidentale negli ultimi decenni questo non sembra più rappresentare la regola, molte donne manifestano una motivazione al successo superiore ad altri uomini.

Tutto dipende dai nostri pensieri e da come ci predisponiamo nell'affrontare la nostra vita.

Un esempio di grande successo è il vissuto del famoso stilista Ralph Lauren che replica: «La gente mi chiede come ha potuto un ebreo del Bronx creare un brand per un *élite* di persone, senza avere soldi e appartenere a una classe alta. A loro rispondo che ce l'ho fatta perché avevo imparato a sognare» oggi è uno stilista famoso, nato da ebrei immigrati dalla Bielorussia con un infanzia trascorsa nel Bronx tra povertà e sogni. Ha iniziato come commesso in un negozio e poi è diventato uno degli stilisti più celebri al mondo, con un patrimonio che conta miliardi di dollari, senza aver mai frequentato una scuola di moda e terminato il college.

Il successo si può costruire, alla base del nostro successo c'è sicuramente il pensiero positivo come calamita di attrazione del nostro benessere e molla che aziona e regola la positività nella nostra vita.

L'ottimismo è legato al pensiero positivo, ed è l'elemento che ci da la possibilità di programmare il nostro pensiero in modalità "positiva". L'allenamento a "fotografare le scene" in maniera ottimistica allena il nostro cervello a sentirci sereni e ci aiuta a proiettare il nostro futuro nella direzione del successo, verso l'obiettivo che abbiamo stabilito, permettendoci di provare le sensazioni che desideriamo e di ascoltare una musica ideale per le nostre orecchie.

Il famoso bicchiere mezzo pieno, che ogni persona ritiene sia un bicchiere riempito per la sua metà, è un elemento chiave della programmazione positiva della propria mente.

Le persone che riescono a vedere il proprio futuro in maniera ottimistica sono più brillanti, più fortunati, affrontano i problemi con sicurezza trovando sempre la soluzione ideale. Gli ottimisti già sanno che lungo il loro strada avranno modo di trovare sempre la via giusta in modo da raggiungere il luogo desiderato.

Il benessere del corpo e della mente, parte da un approccio positivo e ottimistico, di ciò che accade sia a noi che agli altri, di ciò che ci circonda e affrontando la vita con ottimismo, il risultato renderà beneficio sia al nostro cuore che alla nostra mente e ci permetterà di affrontare le problematiche da un punto di vista migliore e di trovare la giusta soluzione.

C'è un solo tipo di successo: quello di fare della propria vita ciò che si desidera.
Henry David Thoreau

CAPITOLO DECIMO

Prendere decisioni

La vita non è aspettare che passi la tempesta, ma imparare a ballare sotto la pioggia.
Gandhi

Le decisioni prese in maniera razionale spesso appaiono fredde e non pienamente soddisfacenti quando si tratta di scelte importanti. La complessità delle situazioni problematiche della vita fa sì che risulti difficile prendere decisioni all'interno di schemi razionali.

Nel prendere una decisione, le persone non si lasciano guidare solo dal principio di utilità ma anche dai principi e dai valori che hanno, a tal punto che a volte prendono decisioni che vanno contro il proprio interesse. Inoltre, i desideri cambiano anche mentre si prende la decisione e influiscono sulla raccolta di informazioni, sui giudizi e sui ragionamenti che poi conducono a fare una scelta. Le decisioni si prendono in divenire, e vi si intrecciano componenti affettive e razionali.

Quando ci troviamo a dover prendere una decisione, pensiamo alla situazione attuale, all'obiettivo futuro, a strade alternative e vincoli per arrivare all'obiettivo per il quale utilizzeremo informazioni date e altre che andiamo a cercare appositamente. La soluzione è solo l'ultima tappa del processo decisionale, che può rivelarsi anche molto articolato in alcuni casi. Affrontiamo la scelta solo quando abbiamo valutato tutte le alternative e individuato quelle praticabili e convenienti per raggiungere la nostra meta. Nelle scelte infatti si agisce ad imbuto, partendo da un ventaglio ampio di alternative per arrivare a un numero ristretto; a influenzare la nostra scelta vi sono pressioni interne come bisogni, motivazioni, emozioni, calcoli razionali, ma anche esterne legate al contesto socioculturale e alle circostanze nelle quali ci troviamo. Infine, dopo aver preso la decisione se ne controllano gli effetti, sulla base dei quali è possibile si riveda la propria posizione arrivando a volte ad una non-decisione.

Per definire meglio un problema e ridurne la complessità quindi occorre risolvere le incertezze ed esprimere giudizi di valore. Dopo aver raccolto informazioni e previsto lo sviluppo delle vicende, la conoscenza non è ancora sufficiente per avere la certezza di prendere la decisione giusta, serve essere consapevoli per operare una scelta.

Quando ci si rende conto che la decisione ricadrà anche su altre scelte che dobbiamo fare, interviene il problema di dover scegliere se teniamo di più a quella o alle altre decisioni, quindi dobbiamo assegnare una priorità. I giudizi di valore sono molto personali perché legati al sé, alla storia e al contesto relazionale e socioculturale di ognuno.

Per semplificare i problemi decisionali vengono in nostro aiuto le euristiche, scorciatoie mentali che ci permettono di concentrarci sul cuore del problema e che, tuttavia, ci espongono al rischio di sbagliare.

Ad influire sulle decisioni inoltre sono le emozioni. Un emozione positiva può portare a preferire quello che si sta scegliendo in quel momenti, allo stesso modo un'emozione negativa può indurre al rifiuto: ad esempio, una musica piacevole all'interno di un negozio d'abbigliamento potrebbe indurci ad acquistare un capo che con una musica spiacevole non avremmo scelto. Riversiamo l'emozione che stiamo provando sull'oggetto che acquistiamo pensando che ci farà stare bene come in quel momento. L'effetto varia da persona a persona, alcuni sono più disposti a farsi guidare dalle emozioni nel prendere decisioni, altri temendo l'influenza che hanno si sforzano di ignorare le emozioni.

Le nostre previsioni dipendono molto dall'umore: chi in quel momento prova emozioni positive tende a pensare che siano più probabili eventi positivi, mentre chi ne prova di negative pensa ad eventi negativi. Inoltre, spesso si tende a pensare che gli eventi desiderabili siano anche più probabili, la paura invece porta a sopravvalutare i rischi. Se tengo molto ad avere uno specifico lavoro, tenderò a sovrastimare la possibilità di aver superato il colloquio, ma allo stesso tempo la paura di perdere quell'opportunità potrebbe portare a sottostimare la riuscita.

Il buon umore può portare a trascurare l'accuratezza e a favorire una chiusura cognitiva ma può anche succedere che se ci si trova in una stato d'animo sereno la persona sia portata a darsi più tempo e a applicarsi maggiormente nelle decisioni. Questo dipende dal tipo di emozione, ce ne sono alcune che influiscono sulla decisione dall'esterno e altre dall'interno. Se mi trovo in una condizione euforica per aver avuto un successo, è probabile che non sarò accurato nello scegliere un abito; se invece vado a fare acquisti in un momento di tranquillità la scelta sarà più ponderata.

Le emozioni, anche se sembrano disturbare i ragionamenti, in realtà sono un supporto indispensabile per effettuare una scelta. Le emozioni guidano il processo decisionale dal principio alla fine, e sono importanti per definire la situazione di scelta: sono le emozioni a farci capire se preferiamo sostituire quella situazione con un'altra. Nella vita quotidiana molte decisioni vengono proprio dal dover controllare le emozioni, si sceglie se provarle liberamente o reprimerle. Avendo davanti una rosa di alternative, sono proprio le emozioni a guidarci nella scelta: le emozioni ci dettano le priorità e ci permettono di valutare gli esiti delle azioni. Il rimpianto di aver fatto o no una cosa può orientare le nostre scelte future, ad esempio se un prodotto non ci ha soddisfatto è difficile che lo ricompreremo.

E' la stessa attività decisionale a generare emozioni che influiscono su come progettiamo di risolvere il problema. Decidere può portare a provare emozioni positive o negative: quando non si riesce ad operare una scelta si produce un'esperienza di conflitto spiacevole e stressante. A influire sul conflitto decisionale sono fattori come le alternative che possono sembrare equivalenti, la difficoltà di affrontare un problema complesso, l'importanza della decisione e dei suoi effetti, la gravità dei rischi, la responsabilità, il poco tempo a disposizione.

In alcuni casi il conflitto che si viene a creare porta ad essere più attenti e ragionare di più sulla scelta, ma la maggior parte delle volte lo stress emotivo porta a fuggire dalle decisioni. La non-decisione può concretizzarsi in un rinvio, quindi si rimanda in attesa che emergano nuove alternative, oppure si può ricorrere ad un passaggio di mano in modo che la responsabilità della scelta ricada su qualcun altro. Un'altra possibilità ancora è che si arrivi al rifiuto di decidere, il quale implica meno responsabilità. Tutte le decisioni risentono del modo in cui le inquadriamo e le leggiamo, lo stesso problema decisionale presentato diversamente o in un contesto diverso porta a scelte diverse.

E' interessante valutare la nostra modalità di agire attraverso il modello T.O.T.E. ideato da tre psicologi (Miller, Galanter e Pribram 1960) che descrive il procedimento attraverso il quale una persona agisce se vuole raggiungere un obbiettivo, si effettua una prima analisi della situazione di partenza, poi si esegue un'azione finalizzata al risultato, e si analizzano gli effetti risultanti dalla propria azione ed eventualmente si applicano correzioni, in un ciclo operativo e di controllo fino al raggiungimento dell'obiettivo prefissato o al suo abbandono. E' un modello per individuare le modalità di un proprio processo e dichiararlo concluso oppure no. Attraverso questo modello si possono analizzare le fasi che portano dallo stato presente allo stato desiderato in seguito a una raccolta d'informazioni che ci consentono di verificare continuamente durante il percorso e fino alla fine. Permette di prendere decisioni, motivarsi, creare, interagire con efficacia e comunicare, raggiungendo gli obiettivi desiderati.

Descrizione della struttura del modello T.O.T.E. :

TEST: verificare lo stimolo.
OPERATE: fare dei cambiamenti e ottenere un risultato o comportamento.
TEST: verificare i cambiamenti avvenuti dopo le prime operazioni (se non si è ottenuto il cambiamento desiderato si torna indietro alla fase OPERATE e poi TEST nuovamente)
EXIT: quando il test sui cambiamenti è soddisfacente si può "uscire" dal modello TOTE e mettere in atto i cambiamenti (comportamento, reazione).

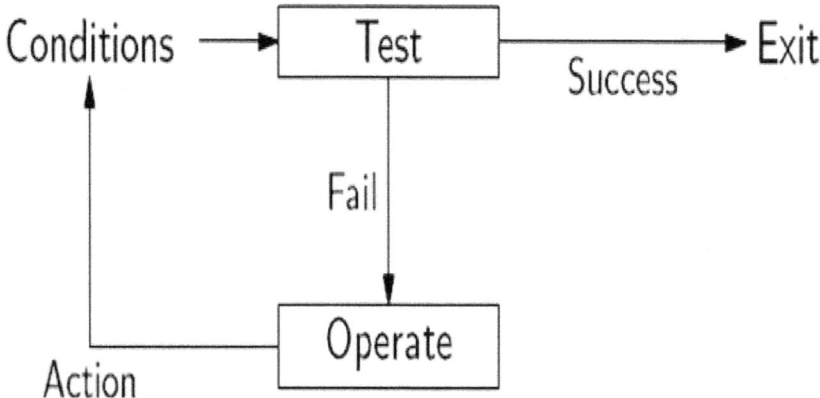

Facciamo un caso pratico, se mi accorgessi che l'orologio non funziona ed è rotto, alla prima fase di operating dovrei far seguire il test che valuta di dover cercare un altro orologio e così continuare con una seconda fase di operating...

Il modello T.O.T.E. si rende interessante quando dobbiamo prendere una decisione per risolvere un problema o per raggiungere un obiettivo, in questo caso il modello ci aiuta a non lasciare il percorso a metà ma a proseguire fino al termine.

Esercizio: scopri il tuo modello T.O.T.E.

Pensa ad un tuo comportamento riferendoti ad una decisione già presa e traccia la tua modalità nell'operare, indicando in dettaglio tutte le operazioni che metti in atto prima di arrivare alla decisione.

Ripeti questa operazione per un'altra decisione e il tuo modo di operare.
Potrai così valutare se c'è uno spazio per migliorare la tua modalità.

_____

_____

_____

_____

_____

_____

_____

_____

_____

_____

_____

_____

_____

Conclusioni

Lo scopo di questo libro è stato quello di rendere consapevoli le persone dei propri modi di essere e di agire e di come anche un piccolo cambiamento anche soltanto relativamente ad un aspetto della nostra vita, può cambiare tutto il nostro meccanismo di azione e migliorare le nostre relazioni. Ogni capitolo si è focalizzato su un aspetto in particolare, proponendone poi la sua sperimentazione attraverso alcuni esercizi. Ora che hai concluso la lettura ti invito ancora a scrivere di seguito tre cose sulle quali sarai impegnato con te stesso per raggiungere l'obiettivo per la costruzione del tuo brand ideale:

1._____

2._____

3._____

Ora scrivi ancora le azioni che farai per tenere fede al tuo impegno:

_____

_____

_____

_____

_____

_____

_____

Segna qui la scadenza del tuo obiettivo:

_____

_____

_____

_____

_____

Buon Lavoro!

Vigila sui tuoi pensieri perché diventeranno le tue parole.
Vigila sulle tue parole perché diventeranno le tue azioni.
Vigila sulle tue azioni perché diventeranno le tue abitudini.
Vigila sulle tue abitudini perché diventeranno il tuo carattere.
Vigila sul tuo carattere perché influenzerà il tuo destino!
Swami Sivananda

Bibliografia

ANTHONY ROBBINS Come ottenere il meglio da sé e dagli altri, Bompiani 2000.

BANDURA A., *Autoefficacia: teoria e applicazioni*. Tr. it. Erikson, Trento 2000.

BANDLER R., GRINDER ., *La struttura della magia*, Astrolabio 1981.

_____, *Programmazione neurolinguistica. Lo studio della struttura dell'esperienza soggettiva*, Astrolabio, Roma 1982.

BONAIUTO, M., MARICCHIOLO, F. (2009). *La comunicazione non verbale*. Roma: Carocci.

BRUNO FERRERO, *365 piccole storie per l'anima*, Elledici 2007.

CHOMSKY N., *Linguaggio e problemi della conoscenza*, Bologna, Il Mulino 1998.

_____, *Il linguaggio e la mente*, Torino, Bollati Boringhieri, 2010.

CIALDINI, R. (1995). *Le armi della persuasione*. Milano: Giunti.

COVEY, S.R., *Le sette regole per avere successo*, Franco Angeli, Milano 2005.

DE BONO E., Creatività per tutti, 2015 Brossura.

_____, Creatività e pensiero laterale, 2001 Bur Biblioteca Universale Rizzoli.

DILTS R., Il manuale del Coach, 2004 A. Roberti Editore.

_____, Il potere delle parole e della Pnl, 2004 A.Roberti Editore.

DI GIOVANNI P. Psicologia della comunicazione, 2007 Zanichelli.

EDWARD T. HALL, La dimensione nascosta, 1966, tr. it. Milano: Bompiani.

GARDNER H., *La nuova scienza della mente*, Feltrinelli, Milano 1988.

MAXWELL M., *Psico-cibernetica*, Astrolabio, Roma 1965.

MEHRABIAN, A. (1981). *Silent Messages: Implicit Communication of Emotions and Attitudes*. Belmont, CA: Wadsworth.

PIERLORENZI M., Apprendimento strategico, Lulu.com 2015.

SHELDON. *Atlas of men: a guide for somatotyping the adult male at all ages*. Harper, 1954. University of Michigan.

WATZLAWICK, P., BEAVIN, J.H., JACKSON, D.D. (1967). *Pragmatica della comunicazione umana*. Roma: Astrolabio, 1971.

Corso "Self Branding"

Scopri come migliorare la tua performance con il Self Branding

Corso con Monica Pierlorenzi Life Coach

Perché partecipare a questo corso

Monica ti aspetta se ti interessa lavorare con lei su:
- Come migliorare il tuo stato d'animo
- Eliminare le tue credenze limitanti
- Allenarsi al pensiero positivo
- Avere una migliore percezione di se stessi
- Lavorare sui propri valori
- Comunicare in modo efficace
- Decidere il proprio cambiamento
- Muoversi verso il successo

Come otterrai i risultati desiderati:
Lavorando a stretto contatto con Monica, in un gruppo di sole venti persone.

Puoi prenotarti sul sito :
 www.incredibilmente.it oppure **www.im-srl.com**

Appunti personali

Appunti personali

Appunti personali